T0080435

CÓ-MO
leer los
PROVERBIOS

Dominick S. Hernández

Editorial CLIE
www.clie.es

EDITORIAL CLIE
C/ Ferrocarril, 8
08232 Viladecavalls
(Barcelona) ESPAÑA
E-mail: clie@clie.es
http://www.clie.es

Publicado originalmente en inglés bajo el título *Proverbs: Pathways to Wisdom* por Dominick S. Hernández. Copyright © 2020 Abingdon Press.

CÓMO LEER LOS PROVERBIOS
ISBN: 978-84-18810-68-8
Depósito Legal: B 12129-2022
Estudios bíblicos
Antiguo Testamento / Poesía y literatura Sapiencial
REL006740

Acerca del autor

DOMINICK S. HERNÁNDEZ es profesor adjunto de Interpretación del Antiguo Testamento en The Southern Baptist Theological Seminary. Enseña Antiguo Testamento y sirve como Director del Programa Hispano Online del seminario. El Dr. Hernández completó su doctorado en Biblia Hebrea en la Universidad de Bar-Ilan (Ramat Gan, Israel) donde se formó en Filología semítica. El Dr. Hernández imparte clases sobre diversos temas, como la sabiduría bíblica, la literatura del antiguo Cercano Oriente y los Rollos del mar Muerto. El Dr. Hernández está profundamente comprometido con la comunidad académica en la que sigue investigando, escribiendo y presentando en conferencias académicas, así como con la iglesia; habiendo servido en ministerios de lengua inglesa, española y hebrea en los Estados Unidos y en el extranjero.

ÍNDICE

ÍNDICE

INTRODUCCIÓN

Nunca he sido muy aficionado a los puzles. En cuanto abro la caja que contiene el puzle y quedan a la vista todas las piezas desorganizadas me invade un insoportable deseo de ordenarlas. Mi voz interior reacciona exageradamente y reprende a las piezas variopintas que se extienden por toda la mesa, gritándoles inaudiblemente: "¡Meteos de nuevo en la caja!".

No estoy muy seguro de por qué soy así, sobre todo teniendo en cuenta que a mi familia le gusta hacer puzles. A medida que iba creciendo, y ahora como padre, he observado repetidas veces el proceso de completar un puzle, y he detectado las similitudes en el modo de proceder de aquellos que disfrutan del proceso. De entrada, los entusiastas de los puzles parecen disfrutar del hecho de que no lo acabarán rápido. Además, el proceso es práctico. Los amantes de los puzles reúnen las piezas que tienen colores parecidos y usando las piezas con un extremo liso construyen el borde de la imagen y, sabiendo que la mayoría de los puzles solo tienen cuatro esquinas, buscan esas cuatro piezas únicas y las sitúan en sus respectivos lugares, de modo que puedan servirles como el fundamento para el resto del puzle. Estas piezas fundamentales son fáciles de identificar, porque son las únicas que tienen dos de sus lados rectos. Todo este proceso de introducir orden en el caos aparente lleva su tiempo, pero vale la pena para la persona que tiene en mente la gran imagen que aparecerá al final.

Hay una observación significativa más que podemos hacer respecto a los puzles: no hay dos personas que construyan un puzle de dimensiones considerables exactamente de la misma manera. Desde el mismo momento en que las piezas del puzle salen de la caja, el proceso de organizarlas y conectarlas es diferente para todos los aficionados a estos juegos, a pesar del hecho de que la imagen final sigue siendo la misma. En muchos sentidos, el libro de Proverbios es como un puzle. Lo que podamos aprender de este libro depende de cómo lo abordemos.

Si abordamos Proverbios como yo lo hago con un puzle, una lectura somera del libro puede dejar al lector con la misma impresión de desorden que percibe cuando las pequeñas piezas inconexas de un puzle se vuelcan sobre la mesa del comedor. A veces cuesta entender el significado de los agudos dichos, y a diferencia de lo que sucede con otras secciones de la Biblia, no parece existir un contexto literario. La aparente desconexión de Proverbios se acentúa debido a las líneas irregulares en las que los versículos aparecen en la mayoría de Biblias en inglés. ¡Es casi como si tuviéramos que reunir los proverbios tópica y estéticamente para dotarlos de sentido! Una lectura casual y rápida de los proverbios hace que parezcan una colección de pensamientos aleatorios, de 915 versículos, que debemos montar como si fueran un puzle.

Pero la lectura de Proverbios no debe suponer una labor tan ardua. ¿Y si abordásemos Proverbios como lo haría un aficionado a los puzles, que está dispuesto a dedicar el tiempo que sea necesario para obtener la imagen general? Sugiero que el lector moderno se beneficiará más de un estudio de Proverbios que se centre en la imagen general del libro. A medida que avancemos en este estudio, analizaremos las ideas principales de Proverbios y la manera en que se integran en la imagen global del libro.

Igual que el proceso de montar un puzle, no sirve de nada apresurarse para buscar la interpretación de Proverbios. Es un libro que hemos de trabajar con paciencia. De la misma manera que un puzle, es imprudente considerar que los proverbios son piezas individuales y aleatorias, y centrarse exclusivamente en una sección de la obra de arte. Hacerlo pone en peligro la apreciación que tenemos de la imagen global. Como pasa con cualquier puzle, para encontrar sentido al libro es importante agrupar las piezas por su semejanza y observarlas unas a la luz de otras. Y lo mismo que sucede con todos los puzles, es un error forzar cualquiera de los proverbios para que encaje en un lugar en el que no debe encajar.

En el libro de Proverbios también hay "esquinas". Es decir, existen temas fundamentales que se desarrollan a medida que aparecen repetidamente a lo largo del libro. Estos temas sirven de piedras angulares para comprender Proverbios teológicamente, y sobre todo para comprender esos proverbios individuales que resultan difíciles de entender. Hay temas recurrentes, como el temor del Señor, la sabiduría frente a la necedad y la disposición a aprender, que funcionan como las piezas esquineras del puzle, porque son fácilmente identificables y enmarcan toda la imagen.

A medida que vamos leyendo el libro de Proverbios e identificamos esas piezas de las esquinas por medio de la repetición, se convierten en la lente principal con la que interpretamos el libro. Nos damos cuenta de que este libro no es solo una agrupación al azar de antiguos dichos que se compilaron de cualquier manera. Proverbios manifiesta una genialidad literaria, y aborda reiteradamente temas teológicos prácticos que son relevantes para nosotros hoy.

Uno de los beneficios que tiene leer Proverbios como si fuera un puzle es que no hay límites para el número de veces que podemos retroceder e ir conectando el material. Cuando volvemos a Proverbios una y otra vez, montamos de nuevo el mismo puzle pero comprendiendo mejor las piedras angulares teológicas del libro, y gozando de una mayor experiencia de la vida. Por ejemplo, durante la adolescencia, los proverbios que invitan a escuchar a unos padres sabios y a honrarlos (ver Prov 23:22) pueden parecer un mero consejo convencional más de parte de otro adulto. Es posible que no sea hasta la edad adulta, y después de haber cometido algunos de los errores sobre los que se nos advierte en Proverbios, cuando apreciemos verdaderamente la sabiduría parental del libro. De igual manera, las personas que todavía no tienen hijos pueden enfocar los adagios relacionados con la crianza de estos como propuestas aburridas (ver 23:13-14).

Sin embargo, algunos de estos proverbios adquieren una nueva relevancia práctica cuando llegan los hijos y los padres, antes sin descendencia y ahora sobrecargados, anhelan algún consejo. Cuando ya aparecen las canas, esos mismos padres releerán de una manera distinta los proverbios que hablan de los abuelos y de los ancianos (16:31). El proceso de envejecimiento tiene la capacidad de potenciar la apreciación y la aplicación de la sabiduría de Proverbios de tal manera que trasciende lo que podríamos haber sabido o experimentado en nuestra juventud.

Cada vez que regresamos a los proverbios, no ponemos las piezas exactamente de la misma manera, porque no somos exactamente las mismas personas. Los cambios en las circunstancias de la vida hacen que sea más fácil reconocer las piezas de Proverbios y ponerlas en su lugar.

En el libro de Proverbios, la vida humana se compara a un sendero. Durante el viaje de la vida, todos acabamos llegando a un punto en el que tomamos una decisión sobre la trayectoria espiritual que vamos a seguir. Sin demora, Proverbios nos incita a responder a la siguiente pregunta: "Durante esta vida, ¿viajaré siguiendo el rumbo del temor del Señor manifestado por la sabiduría práctica, o seguiré el camino de los malhechores, que conducirá a mi caída?". Estas rutas diferentes se nos presentan al principio del libro de Proverbios (capítulos 1–9), en el que un padre (al que se une con frecuencia una madre) se dirige repetidas veces a su hijo, intentando persuadirle de que elija el camino de la sabiduría basado en el temor del Señor, y no el camino del mal (1:7-8, 10, 15).

El hecho de que Proverbios introduzca este llamado paternal en un punto tan temprano del libro demuestra la importancia que tiene decidir la trayectoria que seguiremos en la vida. También implica que entender y aplicar correctamente el resto de Proverbios depende de esta decisión vital. Ya al principio mismo de nuestra lectura se nos exhorta a tomar la misma decisión que el hijo de Proverbios acerca de nuestros viajes en la vida. Se nos urge de inmediato a elegir cómo nos relacionaremos con lo que se expone en el libro. Nos convertimos en el muchacho al que unos padres amorosos y preocupados por su bienestar instruyen, exhortan y advierten acerca de los distintos senderos de la vida. También se espera de nosotros que aprendamos del ejemplo del progenitor, y facilitemos la transmisión de la sabiduría a las generaciones futuras.

No es un secreto cuál es la trayectoria existencial que Proverbios nos anima a seguir. El lenguaje creativo empleado al principio del libro, como por ejemplo el uso de la personificación y la metáfora, va destinado a convencer a todos los que lo lean de que el camino de la sabiduría es superior al camino de la maldad. En realidad, en Proverbios no encontramos una competición legítima entre estos dos senderos. El camino de la sabiduría basado en el temor del Señor se define como algo que conduce a una vida que refleja una comprensión verdadera del mundo que nos rodea. Por el contrario, el camino del mal conduce a una conducta necia, y provoca la caída eventual de las personas imprudentes debido a sus propios actos (1:31-32; 28:10).

Esta disparidad diáfana entre las trayectorias vitales caracterizada en Proverbios ha soportado el paso del tiempo, y sigue desafiándonos cuando nos encontramos con el libro. Miles de años después de que se escribiera Proverbios, nada más empezar el libro aún nos enfrentamos de inmediato con la misma pregunta fundamental relativa a nuestra trayectoria en la vida: ¿qué camino voy a seguir? El capítulo 2 de este estudio proseguirá con este tema.

Se trata de una decisión monumental para la vida. Los proverbios afirman que solo quienes temen al Señor están posicionados en el camino que les permitirá comprender su sabiduría. La manera primaria en que las personas que temen al Señor dan testimonio de que caminan con él es por medio de una conducta coherente que honre a Dios (ver 2:1-15). Proverbios está lleno de aforismos convencionales que ilustran qué aspecto suele tener generalmente el temor del Señor en las vidas de aquellos que han elegido esta trayectoria (ver 8:13; 14:2, 26-27; 16:6; 19:23; 22:4).

La decisión sobre la trayectoria de la vida es tan solo el comienzo del viaje, como observamos en Proverbios 9:10: "El temor de Jehová es el principio de la sabiduría". Después de que uno elige una dirección particular y emprende ese camino, es inevitable que deba tomar una larga lista de decisiones en su vida: cómo relacionarse con Dios cada día, cómo comportarse en el entorno laboral, con quién pasar tiempo, cómo usar la lengua, qué relación mantener con los familiares, cómo usar los recursos económicos, cómo tratar a los menos afortunados y de qué manera reflejar la justicia del Señor. Todos los lectores de Proverbios comparten la experiencia común de estar en un viaje, pero cada viaje está formado por circunstancias y experiencias distintas, y todos necesitamos sabiduría para discernir nuestro camino (14:8). Esto conlleva la aplicación práctica de los principios de Proverbios para progresar de maneras distintas en las vidas dispares de quienes temen al Señor.

Irónicamente, la decisión de seguir al Señor es solo el punto de partida del camino único que sigue cada persona hacia la sabiduría. Digo que es irónico porque podríamos esperar que la decisión trascendental de recorrer el camino del Señor hiciera que acabasen las dificultades que encontramos en un viaje por la vida que, quizá, empezamos sin Dios. Sin embargo, como vemos por todo Proverbios, seguir al Señor nos pone a todos (desde los lectores iniciales del libro al cristiano contemporáneo) en nuestro camino estrictamente personal hacia la sabiduría. Todos aquellos que caminan con el Señor de una forma única demuestran cómo Proverbios les facilita información a medida que dan un paso tras otro en su viaje. No solo es de sabios seguir el camino hacia la sabiduría caminando en el temor del Señor, sino que los viajeros demuestran que son sabios y entienden ese temor cuando aplican juiciosamente los proverbios a las circunstancias ordinarias de la vida.

Pero, ¿de dónde procede esta sabiduría práctica? Sobre todo se desprende de las máximas que encontramos en Proverbios 10–30. Después de que Proverbios 1–9 exponga las distintas trayectorias de la vida, la mayor parte de los proverbios restantes ofrece una guía práctica sobre cómo vivir de una manera que refleje lo que es caminar en la senda de la sabiduría. Sin embargo, esos mismos proverbios describen obstáculos que encontrarán los viajeros en su camino, y advierten que es posible que hagan tropezar a quienes se esfuerzan por caminar con Dios. Estas descripciones de los tropezaderos y de sus consecuencias facilitan que valoremos lo que es andar por el buen camino, y sirven como exhortación para que nos mantengamos firmes y así no nos desviemos del camino y padezcamos las consecuencias de nuestro extravío. Estos proverbios nos ofrecen una manera de ver nuestras vidas dentro del mundo que nos rodea (ver 16:9; 20:24), y al mismo tiempo nos ofrecen principios generales relativos a la manera de gestionar las decisiones rutinarias de la vida (por ejemplo, buscar la justicia, en 21:21).

Las diversas circunstancias personales demuestran que todo el mundo está recorriendo una senda única. Al mismo tiempo, somos conscientes de que las circunstancias de cada persona no son totalmente únicas. Cada vía personal conlleva decisiones que trascienden el tiempo y el espacio. Están incluyen desde asuntos orientados más a la persona (por ejemplo, dominar el orgullo y controlar la ira) hasta otros que afectan a la sociedad general (por ejemplo, el interés por la justicia social). Algunos ejemplos de Proverbios son estos: "El que tarda en airarse es grande de entendimiento; mas el que es impaciente de espíritu enaltece la necedad" (14:29; ver también 15:18) y: "El que oprime al pobre afrenta a su Hacedor; mas el que tiene misericordia del pobre, lo honra" (14:31; ver también 19:17).

Proverbios 10–30 establece unos principios que nos equipan para caminar con el Señor en nuestras sendas intransferibles hacia la justicia. En el capítulo 3 de este libro examinaremos juntos esos principios.

Es posible que te estés preguntando: "¿Qué podemos decir sobre el tan conocido poema de la «mujer virtuosa», magistralmente compuesto, que vemos en Proverbios 31? ¿Cómo encaja el final de Proverbios con el resto del libro?". El estilo de Proverbios 31 parece muy distinto al de los grupos de sentencias expuestas anteriormente. Puedes estar tranquilo: el poema no está simplemente "añadido" al final. De hecho, el modo en que este poema está incluido al final revela la genialidad del libro de Proverbios.

Cuando hayamos llegado al final del libro, cabe que nos preguntemos qué aspecto tiene en la práctica caminar con el Señor. La mujer de Proverbios 31:10-31 es este ejemplo. Se la describe como alguien que plasma la sabiduría práctica de

Proverbios de tal manera que al final se la llama "la mujer que teme a Jehová" (31:30). En este sentido, la mujer virtuosa no es solo el modelo de una esposa excelente, sino mucho más. Esta mujer es el paradigma de la aplicación de la sabiduría del Señor a la vida y a las circunstancias personales; y en este sentido es el epítome de una persona sabia. Ella es la *eshet chayil*, la "mujer virtuosa" o, según mi traducción, "la mujer guerrera".

Con este famoso ejemplo de sabiduría concluye Proverbios, pero no se trata ni mucho menos del final de las posibilidades que tiene este libro. Algunos proverbios pueden resultar confusos cuando miramos el mundo a nuestro alrededor y decimos: "¡Este proverbio no se cumple!". Esto es especialmente cierto respecto a aquellos proverbios que, aparentemente, sugieren que es inevitable que la justa retribución sobre los justos y los malvados (los que caminan con el Señor y los que no lo hacen) les llegue en este mundo. Nuestra experiencia nos sugiere que esto no pasa. Por consiguiente, nuestro viaje juntos concluirá cuando hablemos de cómo acercarnos a Proverbios cuando los dichos que contiene no parecen estar a la altura de sus promesas.

CAPÍTULO 1

Leyendo Proverbios sabiamente

El énfasis en la disposición a aprender

Al autor del libro de Proverbios le interesa tanto impartir información como forjar en el lector un espíritu dispuesto a aprender. Proverbios 1:2-7 señala las metas primarias de toda la obra:

> Para entender sabiduría y doctrina,
> Para conocer razones prudentes,
>
> Para recibir el consejo de prudencia,
> Justicia, juicio y equidad;
>
> Para dar sagacidad a los simples,
> Y a los jóvenes inteligencia y cordura.
> (vs. 2-4)

En esta sección, el escritor afirma directamente que los proverbios posteriores fueron compilados para que el lector adquiriese conocimiento, sabiduría, instrucción y dichos profundos. A pesar de esto, el énfasis primario del libro no es apelar al intelecto del lector. Según el prefacio, la sabiduría se demuestra al aplicar los proverbios a la vida personal, con objeto de tomar decisiones que reflejen los estándares divinos de rectitud, justicia y equidad. En este sentido, Proverbios pretende enseñar a las personas, y en especial a las jóvenes, a ser sabios respecto a asuntos prácticos de la vida.

La obtención de conocimiento y su aplicación son conceptos fundamentales que reaparecen constantemente en todo Proverbios. La manera en que tales ideas surgen una y otra vez nos ayuda a detectar su importancia, de modo que admitimos que el mero hecho de conocer Proverbios no hace sabio a nadie. Solo experimentamos la sabiduría cuando aplicamos correctamente los proverbios a nuestras vidas cotidianas.

El libro plantea alguna expectativa más. Si leemos demasiado rápido, podríamos pasar por alto el sutil cambio de dirección entre 1:4 y 5, donde el escritor pasa de lo que podrían ofrecernos los *proverbios* para tocar cómo debemos abordarlos y aprender de ellos *nosotros*. La impartición de conocimiento, e incluso la instrucción respecto a cómo aplicarlo de forma práctica, no son *todo* lo que expone el escritor.

¿Los sabios oyen con sus "ojos"?

Mi esposa Gaby y yo somos padres de dos niños pequeños, un niño y una niña entre los cuales hay una diferencia de edad de cinco años. Cuando nuestro hijo tenía unos tres años, le enseñamos a montar en bicicleta. Como es lógico, recurrimos a enseñarle a guardar el equilibrio en la bici mediante las rueditas laterales. Pensamos que este método había sido eficaz durante generaciones, dado que elimina la necesidad de equilibrarse perfectamente sobre los dos estrechos neumáticos. Al reducir la necesidad de guardar el equilibrio, hace que a los novatos les resulte más fácil pedalear, intentar conducir y evitar caerse, todo al mismo tiempo.

Sin embargo, en nuestro caso este método no funcionó. Nuestro hijo, que es muy curioso, solía estar más interesado en observar el paisaje que le rodeaba que en pedalear o en afirmarse sobre sus pies. Una vez le quitamos las rueditas laterales, esta costumbre de "conducir distraído" provocaba que perdiese el equilibrio. Esto condujo a innumerables "desvíos" de su ruta, que acababan con nosotros corriendo hacia una bici volcada y un niño que no estaba muy seguro de querer subirse de nuevo a ella sin ponerse una armadura.

Unos cinco años más tarde nos propusimos enseñar a nuestra hija a montar en bicicleta usando otro método. Esta vez compramos una bicicleta sin pedales. El método de aprendizaje "sin pedales" difiere del de las rueditas laterales en el sentido de que no hay pedales. Se enseña a los niños a impulsarse en tierra, levantar los pies, mirar al frente y guiar la bici con las manos. Este método permite a los aprendices ver lo que tienen por delante y concentrarse en su camino, mientras guardan el equilibrio sin pensar en sus pies. Mientras que el método de las rueditas de apoyo desarrolla el instinto de los niños de afirmarse si están a punto de caerse, el entrenamiento con bicicleta sin pedales induce a los niños a eludir el peligro por fijarse en por dónde van y aprender a esquivar obstáculos usando los brazos.

A primera vista, enseñar a los niños a montar en bicicleta concentrándose en sus brazos parece contrario a la intuición. De igual manera, parece igual de ilógico llamar a los lectores de Proverbios a que crezcan en sabiduría escuchando con sus ojos; pero eso es lo que enseña la introducción de Proverbios. Justo después de que el autor declare los objetivos iniciales de

Proverbios en 1:2-4, la atención del lector se dirige hacia cómo dedicarse a alcanzarlos. En los versículos 5 y 6 leemos:

Oirá el sabio, y aumentará el saber,
Y el entendido adquirirá consejo,

Para entender proverbio y declaración,
Palabras de sabios, y sus dichos profundos.

Vamos a hacer unas pocas observaciones sobre estos versículos dentro de su contexto al principio de Proverbios, y analizaremos qué pueden decir tanto a quienes leyeron ese libro en la antigüedad como a los lectores modernos.

Una de las maneras primarias en que se describe en Proverbios el aprendizaje de información correcta es con el verbo "escuchar" (ver 8:33-34; 15:31; 22:17). Por medio de la lectura de los proverbios, "escuchamos" una instrucción idónea que suscita la obediencia a esos proverbios y su aplicación en cualquier situación determinada. Escuchar con los ojos es parecido a conducir una bicicleta usando los brazos. Supone una escucha (es decir, estar atentos al conocimiento correcto y aprenderlo) que guía al lector o lectora en su camino. Si no escuchamos la instrucción con nuestros ojos y respondemos a ella como es debido, tenderemos a meternos en situaciones difíciles o incluso catastróficas.

El segundo comentario aparentemente ilógico que hace el autor en este texto es bastante sutil. Fíjate cómo describe el escritor a la persona a quien invita a "escuchar". A la persona con disposición a escuchar (con sus ojos) ya se le llama "sabia" (1:5). Parece contrario al sentido común que el escritor invite a una persona sabia a obtener más sabiduría mediante su disposición a escuchar la instrucción. ¿Acaso la persona sabia no lo es porque ya ha prestado atención a la enseñanza?

Lo que parece que pretende decir el autor es lo siguiente: existe una disposición a estar dispuestos a escuchar la sabiduría y a hacer caso de la instrucción. Al oyente (es decir, al lector) que aborda el texto con esta disposición ya se le considera, en cierta medida, sabio (ver 17:24). Ese es el tipo de lector que aprovechará al máximo su interactuación con Proverbios y responderá a los retos que le plantee (ver 9:9). El autor de Proverbios no solo pretendía transmitir información a los lectores, sino también inculcarles el valor que tiene leer bien, es decir, leer Proverbios correctamente.

Para leer correctamente Proverbios, primero el lector debe abordar el libro desde la postura de alguien que esté plenamente dedicado a escuchar, es decir, a recibir instrucción y a obedecerla. Hasta que la disposición del individuo no se encuentra en la tesitura correcta, el conocimiento extraído de los proverbios no se puede aplicar bien a su camino personal. Un lector que se acerque al contenido principal del libro sin calibrar antes su actitud hacia la instrucción y la corrección no será un buen oyente (o sea, que no será un lector ideal, a quien en Proverbios se le suele comparar a un necio), y no crecerá en sabiduría. Estas son verdades atemporales de Proverbios que el autor ofrece simplemente en la introducción.

En Proverbios, los sabios escuchan con los ojos. Los ojos guían a los lectores en su camino para obtener una sabiduría cada vez mayor, que es uno de los objetivos últimos que tiene el lector sabio en su vida. Si cierras los ojos puedes cerrar los oídos, y negarte a escuchar la sabiduría que el escritor pretende impartir. En realidad, cerrar los oídos es la acción que a lo largo de Proverbios se expone como algo ilógico. Si no escuchas la instrucción, no podrás ver adónde vas.

Por lo tanto, ¿qué es lo que nos pide el escritor al principio de su composición para que el libro tenga el mayor impacto práctico en el lector? Que este se deje instruir.

El *"precioso tesoro"* de la disposición a aprender

"Juventud, precioso tesoro".

Mi "abuela Guillermina" era una de las personas más graciosas que he conocido en mi vida; nunca sabré si su humor era intencionado, fruto de una agudeza natural, o un subproducto no intencionado de la comunicación intergeneracional. Sea como fuere, mi abuela nunca sabrá cuán profundamente impactó en mi vida, sobre todo teniendo en cuenta el poco tiempo que dispusimos para estar juntos.

Mientras yo iba creciendo, no tuve ocasión de conocer bien a mi abuela paterna. Esto se debió sobre todo a que durante mi juventud yo viví en Estados Unidos y mis abuelos vivían en Puerto Rico. Me mudé a Puerto Rico durante los años en que estudiaba en la universidad, y lo hice con la esperanza de forjar una relación con ellos. Pero no pudo ser: justo antes de que yo llegase al país, mi abuelo Manuel falleció, y mi abuela se trasladó a Nueva York para que la cuidase mi tía. La abuela Guillermina pasó los últimos años de su vida en el Lower East Side de Manhattan.

Hacia el final de su vida, mi abuela padeció demencia senil. A esas alturas yo ya había regresado a Estados Unidos, estaba casado y vivía en la zona de Philadelphia. Durante esa etapa de mi vida, quise pasar todo el tiempo que fuera posible con mi abuela; imagino que estaba intentando recuperar el tiempo perdido, si es que es posible hacer algo así. Con este fin, Gaby y yo nos desplazábamos a Nueva York con toda la frecuencia que podíamos.

Mi abuela falleció en 2006. Aún tengo vívidos recuerdos de sus últimos días, que fueron realmente maravillosos. Recuerdo especialmente las cosas que solía decir. Recuerdo la sabiduría que intentó transmitir a sus nietos, e incluso recuerdo la entonación de su voz cuando nos compartía aquella sabiduría. Atribuyo esos recuerdos a la frecuencia con la que mi abuela repetía las mismas frases de sabiduría. Uno de sus dichos favoritos era una invitación a aquellos que eran más jóvenes que ella a que disfrutasen de su juventud. Durante las reuniones familiares, cada pocos minutos mi abuela se volvía hacia uno de sus nietos y decía: "La juventud es un precioso tesoro". Mi abuela estaba decidida a animar a los jóvenes a que reconociesen la bendición que es poder mirar hacia delante, viendo aún la mayor parte de los años de su vida.

Ahora, cada vez que hacemos una reunión familiar, nunca falla: hay alguien que menciona el lema de la abuela Guillermina sobre la juventud. Repetimos sus dichos, palabra por palabra, acompañándolos de su entonación, su expresión facial y nuestros recuerdos emocionados de la última etapa de su vida. A pesar de que la abuela Guillermina ya no está físicamente con nosotros, perduran sus últimos mensajes a sus nietos. Ahora que soy mucho mayor y tengo hijos propios, entiendo más que nunca las reiteradas palabras de sabiduría de mi abuela cuando me exhortaba a aprovechar al máximo las primeras etapas de mi vida.

Algunos atribuirían a la demencia la repetición que hacía mi abuela de las mismas frases. Yo las atribuyo a Dios. La repetición fue el medio por el que pude asimilar y retener la sabiduría que mi abuela se esforzaba por impartirme.

Proverbios utiliza la repetición como técnica para dejar una huella duradera en el lector. La repetición que observamos en Proverbios empieza en el nivel retórico más fundamental, en la simple reiteración de palabras y frases a lo largo del libro, que funcionan como piezas de construcción para transmitir conceptos clave (como la sabiduría, el conocimiento, la instrucción). Esta repetición es incluso más vívida en los casos en que reaparecen recursos literarios específicos, como metáforas e imágenes, con objeto de grabar a fuego las principales enseñanzas de la obra (por ejemplo, "la fuente de vida" en 10:11; 13:14; 14:27; 16:22). En algunos casos se repiten proverbios enteros (por ejemplo, 20:16; 27:13). Independientemente de cómo se produjera históricamente esta incorporación a la composición final de proverbios parecidos o idénticos, hay algo a tener muy en cuenta cuando observamos la repetición en el libro entero de Proverbios: la repetición nos ayuda a tener claro qué era lo más importante para el escritor.

La postura receptiva del lector es otro tema que se toca muchas veces a lo largo del libro, y se revela como uno de los temas más significativos; podríamos decir que es una pieza esquinera del puzle. Proverbios exhorta a todos a recibir la enseñanza cuando se acerquen al texto, y el libro no deja de incitar en todo momento al lector a que mantenga esa actitud mientras va leyendo. Examinemos este principio de la disposición a aprender.

La ironía de leer Proverbios

El hecho de que Proverbios se centre tanto en la disposición de aprender resulta ser un poco irónico respecto al modo de leer el libro. Por un lado, Proverbios puede ser una lectura cómoda y que no requiere esfuerzo. La mayoría de los proverbios son dichos fáciles de entender que ofrecen instrucciones prácticas que aplicar a nuestras vidas. Así, una lectura somera del libro podría dejar al lector sintiéndose ingenuamente optimista al pensar que en la vida todo se arreglará de alguna manera, sobre todo si eres buena persona y te esfuerzas mucho por tener una vida correcta. Por otro lado, el llamado constante al lector de que se deje enseñar convierte a Proverbios en el libro bíblico más desafiante, y en el más difícil de vincular con nuestro día a día y nuestra época. ¿Cómo es posible decir en una misma frase que leer Proverbios es fácil y complejo, sencillo y desafiante?

La respuesta a estas preguntas tiene todo que ver con cómo se lee Proverbios y quién lo lee. Si Proverbios lo lee una persona que desea caminar con el Señor, está dispuesta a escuchar, entiende las limitaciones de su propio conocimiento y viaja junto a otras personas sabias, entonces aplicar los proverbios al camino personal podría ser, irónicamente, *desafiante*. El motivo es sencillo: las personas que recorren el camino de la sabiduría reciben las instrucciones de Proverbios y se esfuerzan por crecer en su conocimiento cumpliéndolas. El hecho de hacer caso a la enseñanza conduce inevitablemente a la transformación, porque aquellos que están dispuestos a aprender consideran honestamente cómo los senderos personales reflejan el temor del Señor en sus circunstancias individuales.

Por otro lado, Proverbios considera un necio a alguien que es reacio a aprender y vive conforme a su propia "sabiduría" humana. Lo interesante es que Proverbios podría ser una lectura *fácil* para esa persona. La razón de esto también es sencilla: si el lector o lectora no está dispuesto a ser abierto, sincero, a recibir instrucción y a buscar a personas sabias que le guíen, no sentirá imperativo alguno para responder a la sabiduría expuesta en Proverbios. Esta "lectura fácil" de Proverbios es irónica en el sentido de que es posible que los proverbios sean fáciles de entender, pero el lector pasa por alto el hecho de que el libro pretende guiar a las personas en las decisiones prácticas de la vida en su camino hacia la sabiduría. En Proverbios, admitir que uno necesita ayuda se considera una muestra de sabiduría.

Entonces, ¿cómo es posible estar abierto a aprender, según los proverbios? Para hallar la respuesta, observemos las repeticiones sobre la disposición a aprender. Igual que la enseñanza de mi abuela sobre aprovechar la juventud, el principio de la disposición a aprender se reitera en los proverbios de una u otra manera, con tanta frecuencia que es imposible ignorarlo. Los proverbios alaban la maleabilidad de quienes están dispuestos a recibir la instrucción de otros, quienes admiten las limitaciones de su propio conocimiento y respetan la sabiduría de los sabios. Quienes están adecuadamente dispuestos a aprender siguen avanzando por su camino hacia la sabiduría.

Este principio de dejarse enseñar se solapa con otros temas primarios de Proverbios (por ejemplo, la humildad, la relación con los progenitores) que analizaremos con más detalle en capítulos posteriores. Sin embargo, antes de hablar de lo que nos dice Proverbios sobre otras áreas de la vida, debemos tener en cuenta las maneras prácticas de acercarnos a los proverbios siendo personas dispuestas a aprender, receptivas a la instrucción durante nuestra lectura. Debemos asumir la postura correcta hacia los proverbios antes de aplicarlos a nuestro derrotero en la vida.

Recibiendo instrucción de otros

Un adagio famoso atribuido al filósofo griego Epícteto dice que los seres humanos tienen dos orejas y una boca para que puedan escuchar el doble de lo que hablan.

Parece que Epícteto era un ávido lector de Proverbios.

Es imposible hablar y escuchar al mismo tiempo. Mantenerse en calma con los oídos abiertos es una postura que indica humildad y disposición a recibir instrucción. Por consiguiente, no es de extrañar ver que hay más proverbios sobre el acto de escuchar de los que hay sobre el de hablar. Ser lentos para hablar no solo demuestra una actitud humilde, sino que también admite que las palabras ignorantes crean un discurso necio, y que este puede ser perjudicial. Las personas a quienes les encanta escucharse a sí mismas corren un riesgo elevado de hacer comentarios arriesgados, sufriendo luego las consecuencias de su indiscreción (11:12; 13:3). Para evitar la vergüenza que acompaña el discurso ignorante, es prudente escuchar y estar informado sobre cualquier asunto dado antes de hablar de él (18:13; ver 15:28).

El llamado constante de los proverbios a "escuchar" no está relacionado necesariamente con la capacidad que tenemos de percibir sonidos con los oídos. Por supuesto, oír forma parte importante de escuchar; pero, por sí solo, no da en la diana. Más bien, los proverbios hablan sobre la capacidad que tiene una persona para recibir instrucción. Ser receptivo a la instrucción tiene tres partes: asimila información y sabe cómo aplicarla a las decisiones de la vida, consiste en recibir y obedecer los mandamientos e incluye aceptar y responder a la corrección. Quienes van de camino hacia la sabiduría manifiestan su atención a las instrucciones que da Dios por medio de su conducta, en medio de sus circunstancias personales.

En Proverbios, escuchar es un proceso activo.

Proverbios llama al lector a buscar *activamente* el conocimiento y el consejo: "El corazón del entendido adquiere sabiduría; y el oído de los sabios busca la ciencia" (18:15; ver también 13:10; 23:12). Esta determinación es necesaria para seguir transitando por el camino hacia la sabiduría de tal manera que las decisiones de nuestra vida reflejen que estamos caminando con el Señor. Nuestra disposición a buscar el conocimiento y obedecer los mandamientos y la instrucción que encontramos mientras caminamos es indicativa de si estamos o no en la senda de la sabiduría, si estamos o no en el camino que conduce a la vida (10:8, 17; ver también 6:23; 13:13).

Recibir instrucción y dirección es una cosa; que nos corrijan por hacer algo mal es otra. A pesar del hecho de que buscar la sabiduría y obedecer los mandamientos requiere un esfuerzo, no es el único reto, ni el más difícil, relacionado con escuchar la instrucción. Un desafío mayor para nuestro caminar se presenta bajo la forma de la instrucción correctiva o la represión. Podemos decir honestamente que, por lo general, que nos reprendan no es una experiencia agradable. Quienes siguen el camino de la sabiduría aceptan la corrección, escudriñan en su interior y aplican a sus vidas el conocimiento que han obtenido. Quienes rechazan la corrección no reciben sabiduría y llegan hasta extremos para eludir el consejo (15:12).

Proverbios se opone a la tendencia de rechazar la corrección, y lo hace reiterando que quienes la aceptan de una manera más dispuesta son quienes más progresan en su senda hacia la sabiduría. Esto es un poco inesperado, porque quienes reciben más correcciones son, aparentemente, instruidos precisamente por apartarse del camino. En Proverbios, la necesidad de corrección y de instrucción *no* significa necesariamente que esa persona sea necia. Proverbios reitera frecuentemente que las personas que están abiertas a la crítica aprenden de sus experiencias y progresan en su camino (17:10; 19:25; 21:11). Escuchar el consejo y aceptar la instrucción en el presente suponen invertir en la obtención de esa sabiduría que arroja dividendos en el camino hacia el futuro (19:20).

Las limitaciones de nuestro conocimiento

De mi casa a mi instituto solo había tres kilómetros en coche.

Cuando tenía dieciséis años asistí a un partido de baloncesto en mi instituto, junto a un amigo y a otro compañero. Este segundo había dicho que nos llevaría a mi amigo y a mí a casa, de modo que los tres nos apretamos en el asiento delantero de su furgoneta nueva de trinca. Aquel vehículo no era elegante: era grande, rápido y de color burdeos. Imbuido de mi sensación de invencibilidad, subí de un salto al asiento del pasajero de lo que me parecía un camión monstruo.

—Abróchate el cinturón —le dije a mi amigo, el otro pasajero.

—No lo encuentro. No lo necesito —contestó mientras sacaba la mano, que había metido entre la puerta y la parte trasera del asiento.

En la mayoría de situaciones como esta durante mis años de instituto, habría pasado por alto la respuesta de mi amigo y habría reiterado mi orden, esperando que me obedeciese. Sin embargo, en este caso acepté su conclusión de que no necesitaba el cinturón de seguridad. El cinturón era un elemento dispensable a bordo de un camión monstruo para un trayecto de tres kilómetros y tres minutos. Salimos del aparcamiento volando alto, como adolescentes inmortales, acelerando hacia mi casa. Yo había hecho ese recorrido del instituto a casa cientos de veces durante mis años de secundaria. A día de hoy, solo recuerdo uno de esos trayectos: este.

Inmediatamente después de salir del aparcamiento, nos encontramos detrás de un automóvil compacto que avanzaba penosamente por la carretera de dos carriles. Mi colega, a quien no le apetecía conducir su coche impresionante a una velocidad tan baja, se impacientó e intentó adelantar al coche por el carril izquierdo, por el que circulaban vehículos en dirección contraria. El conductor del pequeño turismo se negó a dejarnos paso y, al cabo de un par de segundos, estábamos inmersos en una carrera de piques improvisada. Menos de un minuto después el coche que iba delante redujo la marcha, y nuestro conductor volvió al carril correcto, dando por hecho que el vehículo más pequeño se había rendido a nuestra victoria. Mientras miraba hacia atrás, al coche que había rebasado, mi amigo no se dio cuenta de que nos acercábamos a una intersección concurrida. En aquel punto frenar no sirvió de nada, y embistió al coche que iba delante, provocando una reacción en cadena. Aún recuerdo el chirrido de los enormes neumáticos, el olor de la goma quemada y la sensación de miedo e indefensión que me embargó cuando iniciamos el accidente de múltiples vehículos.

Mi amigo pensaba que no necesitaba el cinturón de seguridad.

Yo no pensé que mi amigo necesitara el cinturón de seguridad.

Años más tarde, me resulta difícil expresar lo agradecido que estoy porque mi amigo encontró su cinturón de seguridad y lo abrochó inmediatamente después de que nuestra sabiduría humana llegase a la conclusión de que no lo *necesitaba*.

A medida que viajamos por nuestras vidas, a veces llegamos a la conclusión de que hay cosas que no *necesitamos* llevar con nosotros. Nuestro accidente de tráfico es un ejemplo tangible de cómo podríamos pensar que determinados objetos necesarios son irrelevantes para nuestro viaje. Tendemos a pensar que podemos sobrevivir por nuestra cuenta, venga lo que venga en el camino. Esta mentalidad casi nos llevó a mí y a mi amigo a cometer uno de los mayores errores de nuestra vida. En Proverbios, tener esta actitud presuntuosa hacia la sabiduría es una de las mayores equivocaciones que pueda cometer una persona.

Proverbios expone la sabiduría como algo que todos necesitan. En cierto sentido, la sabiduría es como un cinturón de seguridad que nos libra de una catástrofe. En Proverbios, el que confía solamente en sus propias capacidades cae en el engaño de pensar que puede superar cualquier obstáculo que se interponga en su camino. Esta persona autosuficiente se contrasta con aquella otra que camina en sabiduría: "El que confía en su propio corazón es necio; mas el que camina en sabiduría será librado" (28:26). Es imposible ser al mismo tiempo sabio y considerar que nuestra capacidad está por encima de la búsqueda de la sabiduría.

Quienes sobreestiman su propia sabiduría inherente nunca comprenderán una enseñanza esencial de Proverbios, a saber, que todas las personas necesitan instrucción. Nuestra capacidad de tomar decisiones en la vida que demuestren que caminamos con el Señor se ve obstaculizada por nuestro deseo de actuar independientemente. Una de las maneras principales en que se ilustra este concepto en Proverbios es mediante la mención reiterada de personas que contemplan su camino de un modo que no refleja la realidad. Ser sabio, o hacer lo correcto, según la "opinión" de uno mismo, sin plantearse la verdadera sabiduría, es comparable a ser un necio:

El camino del necio es derecho en su opinión;
Mas el que obedece al consejo es sabio. (Prov 12:15).

¿Has visto hombre sabio en su propia opinión?
Más esperanza hay del necio que de él. (Prov 26:12).

Con el propósito de clarificar las cosas, es importante que digamos que los proverbios no se oponen unilateralmente contra el uso que hacen los humanos de sus facultades. Además de esto, los proverbios no sugieren que el "necio" carece de conocimientos. El "necio" podría ser perfectamente alguien con una buena formación, en el sentido de haber alcanzado un conocimiento cognitivo elevado por medio del estudio. Un necio es una persona que, equivocadamente, considera que su propia competencia humana está por encima de la sabiduría. Esta inversión problemática se produce cuando los necios aprecian hasta tal punto sus capacidades que, bajo su punto de vista, es innecesario que reciban instrucción de cualquier tipo, o que aprendan de otros en cualquier sentido. Naturalmente, esto conduce a los necios a un estado desvirtuado en el que se perciben a sí mismos de determinada manera (normalmente, bajo una luz favorable), cuando la realidad cuenta una historia distinta (30:12-13; ver también 21:2). Dado que los necios piensan que lo saben todo, persisten empecinadamente en sus caminos (23:9), incluso después de escuchar la sabiduría.

Según el necio, no tiene necesidad de sabiduría.

Según dos adolescentes, no había necesidad del cinturón de seguridad.

¡Qué necedad!

Nosotros, por la gracia de Dios, fuimos rescatados de nuestra locura y protegidos de un desastre. No hay ninguna promesa de que este tipo de rescate esté disponible para aquellos que ignoran perpetuamente la sabiduría del Señor y optan por su propia "sabiduría". A menudo, usar exclusivamente nuestras facultades es devastador para nuestras vidas personales mientras recorremos nuestros caminos: "Hay camino que al hombre le parece derecho; pero su fin es camino de muerte" (14:12; ver también 21:16). Proverbios se presenta como esa guía sabia y necesaria siempre que el lector esté dispuesto a recibirla. Para recibir sabiduría, tenemos que reconocer que la necesitamos.

¡Camina con los sabios!

En contraste con los burladores, que ignoran la reprensión, y con los necios, que confían en sus propias facultades mientras recorren caminos que conducen al desastre, quienes son receptivos a la instrucción de otros que caminan en sabiduría avanzan en la dirección adecuada: "Camino a la vida es guardar la instrucción; pero quien desecha la reprensión, yerra" (10:17). Mientras avanzamos por nuestros caminos debemos escuchar siempre a la sabiduría, estando abiertos a la enseñanza y a la reprensión de otros que recorren su senda hacia la sabiduría. No podemos leer Proverbios ni recibir nada de ese libro a menos que estemos dispuestos a hacer eso.

A pesar del hecho de que nuestras vidas y, por lo tanto, nuestros caminos son diferentes, Proverbios describe a quienes caminan en sabiduría como personas que se respaldan unas a otras por medio de buenos consejos. A la luz de esto, Proverbios exhorta a quienes buscan la sabiduría a que caminen con los sabios: "El que anda con sabios, sabio será; mas el que se junta con necios será quebrantado" (13:20). En algunos casos, caminar con los sabios implica vivir junto a personas que han recorrido ya más camino que nosotros, y que pueden ofrecernos sabiduría e instrucción prácticas sobre experiencias de la vida que tenemos en común con ellos.

Durante décadas, nuestros amigos Carl y Barbara han invitado a personas a viajar a su lado mientras caminan en la sabiduría del Señor. Llevan casados más de medio siglo, y han servido en un ministerio formal durante todos los años que llevan juntos. Carl y Barbara han tenido ocasión de hablar a las vidas de incontables personas. Esto se hizo especialmente evidente durante la segunda parte de su ministerio juntos, en el que Carl dirigió una escuela de formación pastoral basada en la iglesia, y Barbara desempeñó varias tareas para apoyar a las familias de los estudiantes que se formaban para el ministerio. Durante el tiempo en que Carl fue director de la escuela ministerial, desfiló por ella toda una generación de pastores, líderes de iglesia, misioneros y educadores cristianos. Ahora, un número incalculable de personas por todo el mundo se benefician directa e indirectamente del ministerio de Carl y Barbara.

Los más de cincuenta años de su servicio fiel, público y local han sido inspiradores, pero, irónicamente, no es esto lo que hace que Carl y Barbara sean extraordinarios en su ministerio. Lo que hace que Carl y Barbara sean tan especiales es que desde siempre han invitado a distintos tipos de personas a tener una comunión personal profunda con ellos. No hacen amigos: hacen familia. Ahora que se acercan a los ochenta años, Carl y Barbara siguen invitando a otras personas a acercarse a ellos, observarlos, compartir distintas opiniones con ellos y vivir la vida juntos.

Gaby y yo conocimos a esta pareja en 2006, al principio de mi formación teológica. A pesar del hecho de que éramos diferentes en muchos sentidos (la diferencia generacional, determinadas prácticas culturales, el lenguaje preferido), Carl y Barbara nos "adoptaron", nos aceptaron "como somos", mostraron su intención de compartir la vida con nosotros, y no se sintieron intimidados por nuestras diferencias auténticas.

Nos han exhortado, aconsejado, corregido e instruido, todo en el momento justo. También han demostrado a lo largo de los años su capacidad de dejarse enseñar, al abrir su hogar (y, lo que es más importante, sus oídos) a nosotros y a otros. Al invitar a su espacio personal a personas de distintas etnias, estatus socioeconómico y tendencias políticas, se han mantenido abiertos a escuchar distintos puntos de vista, y han evidenciado su disposición de aprender.

Todo el mundo necesita a sus propios "Carl y Barbara".

Proverbios afirma repetidamente la importancia de que aquellos que están en su camino hacia la sabiduría se rodeen de una compañía positiva, opuesta a las influencias necias. Mi esposa, Gaby, y yo, hemos intentado hacer esto, eligiendo la compañía de aquellos que demostraron estar caminando por la senda de la sabiduría. El tiempo pasado con necios es un tiempo malgastado, porque no tienen ningún conocimiento que podamos aprender (14:7). Por el contrario, cuando está disfrutamos de buena compañía intercambiamos consejos apropiados, y los amigos se fortalecen unos a otros en sus respectivos caminos (ver 15:22; 27:17). Mientras recorremos nuestras sendas individuales, en ocasiones debemos ser instruidos y corregidos, como el "hijo" que aparece en Proverbios. En otros momentos nos sentimos motivados a corregir y ofrecer instrucción a nuestros compañeros (28:23), como los padres en Proverbios. Así es como caminamos en una comunidad junto a otros que avanzan en la misma dirección.

Escuchar esta sabiduría preciosa mientras caminamos con los sabios nos ayuda a evitar problemas innecesarios (13:14). De la misma manera que no es posible exagerar el valor de la sabiduría de unos mentores eficientes, tampoco es posible hacerlo con la gravedad de las ramificaciones que tiene el hecho de apartarse de la enseñanza de los sabios. Tenemos que caminar con personas sabias que puedan ayudarnos en nuestro recorrido. Es necesario que nos mantengamos tan cerca de ellas como sea posible y durante el máximo tiempo que esté en nuestra mano hacerlo.

Un alto en el camino

Mi aversión personal a los puzles no me impide reconocer cuando la veo una pieza que inconfundiblemente va en una esquina.

En Proverbios, la disposición a aprender es una pieza de esquina.

Este principio se repite incesantemente en Proverbios. Identificar y situar la pieza angular de la disposición a aprender nos permite seguir adelante e identificar otros componentes clave de Proverbios, y mejorar nuestra comprensión del libro como un todo. A medida que adquirimos la capacidad de ver la imagen general, muchas de las piezas del puzle empiezan a encajar en su lugar.

Sin embargo, aún es más importante el componente personal. Ahora que hemos observado que la maleabilidad es un prerrequisito que impone Proverbios para leer bien sus dichos, comprender y aplicar las partes constitutivas del libro empezarán a encajar en su sitio. Ahora podemos seguir adelante hacia la meta de comprender cómo nos afecta día tras día la decisión sobre la dirección que deben seguir nuestras vidas. Estamos listos para avanzar hacia una comprensión adecuada y una aplicación eficaz en nuestros senderos personales del consejo de la sabiduría de Proverbios.

Ahora podemos seguir adelante, pero no a menos que hagamos una pausa.

Nuestros ojos han sido abiertos para adoptar una postura respecto a Proverbios que no podemos ignorar. No podemos "hacer oídos sordos" al hecho de que Proverbios nos exige que, como lectores, tomemos una decisión sobre si recibiremos instrucción o no. Por consiguiente, la mejor manera de proceder en este punto es haciendo una pausa. Ahora que nuestros ojos han "oído" lo que tiene que decir Proverbios sobre la postura de los lectores, somos responsables de reaccionar adecuadamente. Tenemos que aceptar ese espacio y, conscientemente, entrar en la experiencia lectora. No podemos simplemente hacer marcha atrás, alejándonos de él y negando que hemos escuchado el llamado de Proverbios a ser maleables. Antes de seguir… debemos… hacer… una pausa.

Es una buena idea dejar de leer en este punto, durante un minuto, para dedicarse a la introspección. Es hora de que nos preguntemos, siendo sinceros, si estamos dispuestos a aprender de la sabiduría de Proverbios. Sea como fuere, es el momento de orar, de pedir a Dios que nos otorgue un espíritu dispuesto a aprender, hasta el punto de que aceptemos agradecidos desafíos, corrección e instrucciones cuando leemos Proverbios y respondamos al libro.

Necesitamos guía. Necesitamos dejarnos enseñar. Necesitamos escuchar. Necesitamos comprender nuestras limitaciones. Necesitamos caminar con los sabios.

CAPÍTULO 2

La exposición de los caminos

Los parques con columpios me ponen nervioso.

Más que los parques en sí mismos, lo que *realmente* me pone de los nervios es cómo juegan mis hijos en ese entorno. Por el motivo que sea, mis hijos tienen la habilidad de convertir los parques con columpios en lugares más peligrosos de lo que son en realidad. Por ejemplo, mi hijo insiste en subir *a lo alto* de los columpios. No ofrece ninguna explicación razonable de por qué no usa los artilugios del parque con el propósito que idearon sus diseñadores. Después de todo, los parques con columpios fueron construidos para que los niños jugasen *en* y *con* los columpios, *no* para que se expusieran al peligro de usar *la parte superior* de las barras como pasarela. Los niños que juegan así en los parques infantiles nunca apreciarán la aplicación práctica de los aparatos de ocio. Esos niños solo podrán hablar del parque que ven a sus pies, mientras sacan sus conclusiones desde su elevada posición.

Vale, vale, quizá tenga que relajarme un poquito y recordar lo bien que me lo pasaba con mis aventuras cuando era niño, pero ese es otro tema.

Hasta ahora, hemos contemplado Proverbios como un niño que juega en lo alto de un columpio. Hemos observado la composición desde una altura de 10.000 metros, y hemos hecho algunas observaciones sobre cómo leerla. Hemos admitido el llamado que hace Proverbios para que nos acerquemos a su contenido con la actitud de dejarnos enseñar. Hemos observado que Proverbios deja clara esta idea en un momento temprano y con frecuencia, por medio de la figura literaria de la repetición. Hemos hecho un alto y hemos reflexionado sobre nuestra actitud hacia la instrucción antes de abordar el contenido de Proverbios. Hemos observado el libro de Proverbios desde una perspectiva aérea, fijándonos en lo que dicen algunos de los proverbios sobre recibir instrucción y caminar en sabiduría. Ahora es el momento de bajarnos de lo alto de la instalación infantil y empezar a interactuar con los versículos.

Necesariamente, un estudio de Proverbios trasciende el mero comentario sobre la manera de enfocar el libro; debe abordar un análisis a fondo de los proverbios. No podemos limitarnos a hablar sobre los proverbios; tenemos que averiguar qué dicen. Aun así, este estudio de pasajes concretos en Proverbios significa que de vez en cuando tendremos que volver a subirnos a lo alto del columpio para ver cómo encaja todo entre sí. Después de todo, leer Proverbios como un puzle exige que reconozcamos las piezas (los proverbios individuales), además de tener una visión completa de todo el libro. Proverbios 1–9 establece el fundamento de las imágenes relativas al camino, y nos ayuda a comprender cómo deberían leerse los proverbios individuales dentro del contexto del libro.

¿Alguien me hace un favor?

A lo largo de mi carrera docente, ha habido unas pocas ocasiones en las que he llegado a un aula habiéndome olvidado algo. A veces, limitado por el tiempo, pido a un alumno que salga y vaya corriendo a buscar el artículo que ese profesor despistado que llevo dentro se ha olvidado.

"¿Alguno de vosotros podría hacerme un favor?", preguntó a la clase.

Los alumnos: silencio.

Supongo que mi pregunta es ridícula. ¿Qué estudiante en su sano juicio se presentaría voluntario o voluntaria para hacerme un favor sin saber de qué se trata? Sin tener en cuenta que solo se trata de una pila de documentos que repartir o un adaptador HDMI que olvidé, la reticencia de mis alumnos para responder les protege contra cualquier tarea potencialmente estúpida. Después de todo, podría estar reclutándolos para que me ofreciesen sus servicios gratuitos para realizar una tarea inmensa, como clasificar mi biblioteca o corregir el original de uno de mis libros.

Estoy bastante convencido de que si formulase a mis alumnos otras preguntas, como "¿Quién quiere ser necio en esta vida?" o "¿Quién quiere caminar por el sendero del mal?", también se me quedarían mirando como si se me hubieran fundido los plomos. La razón de esto es evidente: entre mis alumnos nadie quiere ser un necio y nadie quiere tirar por el camino del mal, como tampoco quiere convertirse en un experto en el sistema de clasificación decimal de Dewey para organizar mi biblioteca profesional. De igual manera, el escritor de Proverbios espera que los lectores rechacen la necesidad y el camino del mal y aspiren a iniciar su camino hacia la sabiduría y se mantengan en él.

El rechazo anticipado de la trayectoria de esta vida que nos lleva a la conducta inmoral se aprecia claramente en el primer capítulo de Proverbios. Dado que ese libro se centra en guiar a los individuos por el camino de la sabiduría, es un poco irónico que el primer "camino" del que habla el libro sea el de los "pecadores" (1:8-19). El camino de los pecadores se caracteriza por la codicia y el deseo de obtener ganancias deshonestas. Se les describe como gente que acecha a los inocentes, que actúa con violencia contra ellos, que roba y llena sus casas de bienes obtenidos por las malas. Su senda está repleta de todo tipo de trampas, y al final se les señala como los receptores de la retribución divina por sus actos.

Proverbios: "¿Alguien quiere recorrer el camino del pecador?".

Lector: silencio.

Por supuesto, la respuesta es "¡No!". Todo el que se acerque a Proverbios con la disposición a que le enseñen y el deseo de recibir instrucción para crecer en sabiduría rechazará sin duda este primer camino. En Proverbios 1–9, los caminos de los pecadores se presentan como deliberadamente indeseables, de modo que el único camino que no parece absurdo es el de la sabiduría. Francamente, sería tan ridículo elegir esta senda que tenemos que preguntar: ¿Por qué se nos presenta semejante "camino"?

Pues se nos presenta para obtener el máximo efecto dramático posible.

Aunque el camino del mal se expone como si fuera real, el escritor de Proverbios se centra reiteradamente en las graves consecuencias que tiene recorrerlo, y su intención es captar la atención del lector y fomentar el interés por el único camino legítimo de la vida. Nadie en su sano juicio elegiría someterse a la retribución divina por hacer el mal junto a personas traicioneras, en lugar de elegir la sabiduría santa y las buenas compañías. A la vista de las consecuencias de la inmoralidad, el camino de los malhechores no es una opción razonable, de modo que el lector se siente cautivado por la vía idónea, que entonces se compromete a seguir.

Sin embargo, queda una pregunta de índole práctica por contestar: "¿Cómo entra una persona en el camino hacia la sabiduría, comienza a adquirirla y se mantiene firme en el camino correcto?". Como veremos, basándonos en asociaciones frecuentes que aparecen en Proverbios, el principio de la sabiduría tiene un punto de partida bastante práctico: el temor del Señor.

Temer al Señor es mejor que temer a las serpientes

En determinado momento de mi vida empecé a tener miedo a las serpientes (el término técnico es "ofidiofobia"), que ha ido empeorando paulatinamente con el paso de los años. Cuando paso por la zona de las serpientes en el zoo, me mantengo a cierta distancia de los cristales y me empiezan a sudar las manos. Esto va acompañado de una sensación inexplicable de ansiedad que va creciendo en mi interior mientras imagino que las serpientes me persiguen, me muerden, me inyectan su veneno y se alejan arrastrándose mientras sufro.

Admito que, aunque semejante situación podría darse *teóricamente* en algún momento de la vida, mi fobia no es lógica ni mucho menos. En realidad, nunca estoy cerca de una serpiente sin que me separen de ese presunto enemigo varios centímetros de cristal de protección. Además, sé que muchas serpientes no son venenosas, y que lo más probable es que huyesen de mi presencia antes que involucrarse en algún tipo de confrontación. A pesar del hecho de que mi miedo, simplemente, no es razonable, imagino que comparto esta fobia con muchas otras personas que experimentan los mismos efectos fisiológicos peculiares cuando están cara a cara con estos reptiles.

También imagino que muchos de nosotros, equivocadamente, tememos al Señor como yo temo a las serpientes. Leemos la expresión "temor del Señor" o el mandamiento: "¡Temed al

Señor!" dentro del contexto de proverbios que exponen las graves consecuencias que tiene hacer el mal, y sospechamos que Dios nos persigue igual que una serpiente malintencionada persigue a su presa. Sospechamos que el Señor está acechando en el reino de los cielos, dispuesto a caer sobre los que se pasen de la raya. Levantamos una barrera protectora entre nosotros y el Señor, de modo que no tengamos que padecer las consecuencias.

Nada podría estar más lejos del concepto del temor del Señor que hallamos en Proverbios. Temer al Señor es mejor que temer a las serpientes.

El temor del Señor es un respeto por Dios que nos incita a responder a su Palabra con obediencia. Quienes temen al Señor creen su Palabra, y viven fielmente en conformidad con su instrucción. Como hijos suyos, tememos al Señor porque confiamos en que desea lo mejor para nosotros y nos da instrucciones prácticas como Proverbios para que caminemos por una vía que honre a Dios hacia la sabiduría genuina. En el caso de que, potencialmente, nos desviemos del camino, los proverbios nos corrigen y nos recuerdan las consecuencias eventuales de los caminos tanto de la sabiduría como de la maleficencia. Por medio de las enseñanzas de Proverbios, sabemos que el Señor desea ponernos en el buen camino y guiarnos por él. Temer al Señor supone tomarse en serio la verdad que expone en su Palabra.

Hay dos comentarios relacionados con el temor del Señor que aparecen en Proverbios y que resultan especialmente importantes para nuestro análisis:

El principio de la sabiduría es el temor de Jehová;
Los insensatos desprecian la sabiduría y la enseñanza.
(Prov 1:7).

El temor de Jehová es el principio de la sabiduría,

Y el conocimiento del Santísimo es la inteligencia.
(Prov 9:10).

Proverbios 1:7–9:18 supone el fundamento y el contexto para cómo el lector debe leer, comprender y aplicar el resto del libro. Justo después del principio del libro (1:1-6), Proverbios hace una exposición diáfana de dos caminos que contrastan entre sí (1:7–9:18), y después hace una transición a la unidad principal, que está formada en gran medida por diversas colecciones de sentencias que ofrecen enseñanzas prácticas para la vida (10:1–30:33). Proverbios 1:7 y 9:10 están colocados estratégicamente como paréntesis de esta sección inicial, con objeto de subrayar el temor del Señor como enseñanza central de Proverbios.

Admitir que el temor del Señor se encuentra en el meollo de la adquisición de la sabiduría nos ayuda a aplicar Proverbios en nuestras vidas personales en nuestra época. Esto resulta especialmente útil cuando nos esforzamos por entender los principios de los proverbios, en ocasiones difíciles y extravagantes, que hay en los capítulos 10–30. Hagamos algunas observaciones más sobre cómo el concepto del temor del Señor en Proverbios 1–9 marca el tono para leer el resto del libro.

El temor del S-E-Ñ-O-R

Originariamente, el libro de Proverbios se escribió en hebreo. Dado que la mayoría de los versículos se escribieron en forma poética, es natural que cuando leemos el libro traducido perdamos una parte del toque creativo del escritor y de su elocuencia literaria. Nuestras Biblias intentan transmitir idiosincrasias del texto poético en hebreo a los hablantes modernos mediante la organización de las líneas con sangrados, y ofreciéndonos versiones equivalentes en nuestro idioma de los dichos. Así es como podemos captar *al menos una parte* de la naturaleza artística de la poesía hebrea que podríamos perdernos en las traducciones a nuestro idioma.

47

Otro ejemplo de una Biblia traducida que indica una característica de la versión hebrea de Proverbios es la Escritura de la palabra SEÑOR en mayúsculas. Escribir "SEÑOR" en mayúsculas es la manera en que las Biblias en inglés plasman el nombre del Dios de Israel, que frecuentemente se escribe con vocales ("YHWH", ver Éx 3:14-15), como Yahvé o Jehová. El uso del nombre personal de Dios en los proverbios del antiguo Israel tiene una importancia especial, precisamente por lo que *no* se dice en expresiones como "el temor del SEÑOR". La admonición que hace Proverbios de temer al Señor *no* es solo el mandato de reverenciar a un dios o respetar el potencial de algún tipo de orden divino. Para los primeros lectores, la colección de proverbios de Israel pudo ser un paralelo de la sabiduría tradicional y habitual que podría atribuirse a la deidad local que se adoraba en un área geográfica determinada.

Eso es así, por supuesto, hasta que se menciona "el temor del SEÑOR".

En Proverbios se nos llama a reconocer que el punto de partida para adquirir conocimiento y sabiduría está directamente relacionado con la obediencia a los mandamientos del Señor. En contraste con otras tradiciones que reverencian a un "dios" y creen en cierto tipo de sabiduría aplicable universalmente, el lenguaje específico de Proverbios vincula la instrucción del libro con el nombre personal del Dios del pacto con Israel, el SEÑOR. Se ordena a los lectores que hagan caso de la instrucción y que recorran el camino del único Dios verdadero, lo cual distingue a Proverbios de cualquier otra sabiduría que pudiera circular en aquella época por Oriente Próximo.

De igual manera, este llamado a temer al Señor prohíbe a los lectores modernos dar prioridad a cualquier sabiduría contemporánea por encima de la Palabra del Señor. Proverbios afirma que la verdadera sabiduría proviene directamente del Señor, y lo hace en declaraciones como la que vemos en 2:6: "Porque Jehová da la sabiduría, y de su boca viene el conocimiento y la inteligencia". Dado que el Señor es el responsable exclusivo de la sabiduría y el conocimiento expuestos en Proverbios, todos los lectores son llamados a responder con obediencia a su mensaje, mediante la aplicación de los principios a nuestras vidas. En este sentido, Proverbios vincula estrechamente la adquisición de los verdaderos conocimiento y sabiduría con la relación que tengamos con el Señor, lo cual significa que estamos afirmados en nuestro camino a la sabiduría cuando decidimos si responderemos con obediencia a la palabra del Señor o no.

Los proverbios indican que comenzamos nuestros respectivos recorridos en la sabiduría diciendo que sí al Señor. Quienes le temen valoran su instrucción por encima de la sabiduría procedente de cualquier otra fuente, y más allá de ella. Empezamos a recorrer la senda de la sabiduría diciendo que sí, y nos hacemos sabios como resultado de haber dicho perpetuamente que sí.

Todos sabemos decir "no": Proverbios 2

"Sí" es más fácil de decir que de hacer.

Si hay una cosa que aprendí como padre primerizo, es que por lo general los niños descubren la palabra "no" antes de aprender a decir la palabra "sí". ¿Por qué da la sensación de que la respuesta instintiva de los niños a las instrucciones de los padres es oponerse a ellas? En lo tocante a la educación parental, los niños *saben* cómo decir que no, pero hay que *enseñarles* a decir que sí.

Los padres prueban todo tipo de técnicas para demostrar a sus hijos la importancia que tiene que se dejen enseñar. Frecuentemente recurrimos a explicar a nuestros hijos que nuestro rol como guías tiene como meta lo mejor para ellos. Deseamos que nuestros hijos sean receptivos a nuestras instrucciones de modo que puedan crear buenos hábitos y evitar muchas de las trampas en las que quizá hemos caído nosotros a lo largo de nuestros viajes por la vida. Además, hacemos todo lo posible para vivir conforme a la enseñanza que proporcionamos a nuestros hijos, de modo que vean nuestro ejemplo y entiendan y valoren nuestra guía. Queremos convencer a nuestros hijos de que hagan caso de nuestros consejos y no recurran a decir que no.

Siguiendo esta línea, Proverbios frecuentemente transmite sabiduría al describir a un padre que le enseña a su hijo a decir que sí al Señor. Aunque muy a menudo esa instrucción se describe como la de un padre que educa a su hijo, eso no quiere decir que la sabiduría de Proverbios sea aplicable solo a los varones. Por ejemplo, en los siguientes versículos vemos cómo la enseñanza de la madre corre pareja a la del padre:

Oye, hijo mío, la instrucción de tu padre,
Y no desprecies la dirección de tu madre. (Prov 1:8).

Guarda, hijo mío, el mandamiento de tu padre,
Y no dejes la enseñanza de tu madre. (Prov 6:20).

La repetición de esta imagen de una enseñanza impartida a un hijo ilustra la responsabilidad que tienen los padres de guiar a sus hijos por el buen camino, teniendo en cuenta que *todo* el mundo tiene la tendencia a oponerse a la instrucción (decir "no"). Esta formación de los padres que se aprecia a lo largo de Proverbios es un recurso literario que transmite temas importantes. Se parece mucho a esas conversaciones reiteradas que tenemos con nuestros hijos cuando intentamos convencerlos de lo importante que es que hagan caso de nuestras directrices.

Aprender a decir que sí al Señor es especialmente importante, dado que forma parte del temor del Señor y de caminar en obediencia. En Proverbios 2 vemos la imagen ampliada de un padre que urge a su hijo a que escuche sus mandamientos, que oriente su oído y su corazón hacia la sabiduría y que clame pidiendo entendimiento, y lo busque activamente, como si buscase metales preciosos (vs. 1-4). El motivo para este apremio es evidente en el versículo 5, cuando el padre afirma: "Entonces entenderás el temor de Jehová, y hallarás el conocimiento de Dios" (2:5). Por encima de todo, el padre desea que su hijo siga su propio ejemplo a la hora de temer al Señor, de decir que sí a los caminos de Dios. El padre anhela que su hijo haga acopio de la sabiduría paternal, de modo que reciba los beneficios derivados de ser una persona devota al Señor. El padre menciona concretamente estos beneficios en 2:7-8, cuando declara que Dios

provee de sana sabiduría a los rectos;
Es escudo a los que caminan rectamente.

Es el que guarda las veredas del juicio,
Y preserva el camino de sus santos.

El Señor desea profundamente el bienestar de aquellos que responden con un "sí" a la oferta de recibir sabiduría, de modo que puedan crecer en su entendimiento mientras recorren el camino. El interés de Dios se manifiesta en la otorgación de sabiduría divina a quienes temen al Señor: "Porque Jehová da la sabiduría, y de su boca viene el conocimiento y la inteligencia" (2:6). El Señor provee la capacidad de discernir juicio, justicia, equidad, y simplemente de tomar decisiones prácticas acertadas mientras sus seguidores caminan por la vida paso a paso. El Señor es un escudo, que ofrece una especie de "garantía al viajero" a quienes se esfuerzan por honrar a Dios con sus actos durante su viaje (vs. 8-11).

Es necesario hacer una advertencia antes de que sigamos reflexionando sobre qué pinta podría tener el temor del Señor en nuestros propios viajes existenciales. La sección anterior habla

51

de un padre que refleja la típica situación vital de aquellos que temen al Señor. El padre intenta con ahínco convencer a su hijo de que escuche su consejo mientras sigue al Señor. Estos versículos no son promesas universales para saber exactamente qué hacer en todas las circunstancias, ni tampoco garantizan una vida exenta de pruebas. A medida que sigamos leyendo los proverbios, hemos de recordar que estos dichos breves nos dicen, por lo general, adónde acabarán llevándonos nuestros caminos. Esto significa que algunos de los resultados que nos muestra Proverbios no son siempre observables. El mensaje que hemos de sacar de Proverbios capítulo 2, y de otros pasajes similares que describen los destinos de los senderos divergentes, es que aprender a decir que sí al Señor no solo nos pone en el camino correcto, sino que también nos proporciona una guía divina para tomar decisiones prácticas mientras lo recorremos.

Proverbios 3, ABC, "elemeneope"

Los niños no solo descubren cómo decir que no antes de aprender a decir que sí, sino que normalmente aprenden a cantar la famosa cancioncilla del ABC antes de aprenderse el alfabeto. La mayoría de niños no tiene absolutamente ningún problema en cantar su versión favorita de esta tonada sin darse cuenta de que están aprendiendo las claves del lenguaje. Recuerdo mi inquietud cuando me di cuenta de que se suponía que debía cantar "ele, eme, ene, o, pe" en lugar de mi conjunción prefabricada "elemeneope", que, en mi mente, unía la consonante K con otra distinta, la Q.

Ya vemos que con la alegría de cantar una canción de memoria las partes se sacrifican al todo. Hay algo en los hechos de saberse la melodía, alzar la voz y pronunciar la letra de una canción que es emocionante, tanto si las palabras son precisas como inventadas. A los niños les basta con saberse la esencia de la canción del ABC para cantarla con entusiasmo, aunque no presten atención a la importancia de sus partes. Además, este fenómeno no afecta solamente a un grupo de edad: intenta cantar y hablar del significado del himno "The Star-Spangled Banner" con un grupo de adultos de mediana edad, ¡y verás qué pasa!

Muchos estudiosos de la Biblia pueden recitar Proverbios 3:5-6 con la misma facilidad que la mayoría de niños cantan a gritos la canción del ABC:

Fíate de Jehová de todo tu corazón,
Y no te apoyes en tu propia prudencia.

Reconócelo en todos tus caminos,
Y él enderezará tus veredas.

Por lo general, los adultos tienden a acertar las palabras cuando recitan estos versículos. Sin embargo, igual que pasa cuando se canta la cancioncilla del ABC, quienes reciten esos versículos quizá no se den cuenta de que contienen una información extremadamente valiosa en sus diversas secciones. Esta información clarifica aún más lo que quiere decir Proverbios cuando nos exhorta a temer al Señor y nos instruye a aplicar fielmente este concepto a nuestras vidas cotidianas. Al prestar atención a las partes de estos versículos aumentaremos nuestra apreciación del todo, y evitaremos saltarnos ninguna parte importante. De esta manera no sentiremos ninguna tentación de mentir y fingir que, como podemos recitarlo todo, conocemos bien el contenido específico... o decimos "elemeneope".

Una de las características de estos versículos que podríamos pasar por alto fácilmente es el lenguaje metafórico. Aunque el lenguaje no literal es algo que deberíamos esperar de los proverbios, escuchamos y recitamos metáforas con tanta frecuencia que tendemos a comprenderlas intuitivamente, y ya no las reconocemos como figuras del lenguaje. A veces, cuando nos encontramos con metáforas en composiciones escritas, hemos de hacer una pausa, releerlas y analizar las figuras del lenguaje para comprender plenamente qué intenta decirnos el escritor.

Pensemos por ejemplo en la exhortación que hace el versículo 5: "Fíate de Jehová de todo tu corazón". Piensa por un segundo en una manera que te parezca correcta para decidir si te fías o no de alguien. Normalmente, decidimos si confiar en alguien o no después de plantearnos el riesgo de tener éxito o de fracasar con una persona o una cosa. Por lo general, intentamos *no* basar este tipo de juicios en nuestros sentimientos o en nuestra intuición. Después de todo, suponemos que nuestras emociones podrían enturbiar nuestro proceso de toma de decisiones y aumentar el potencial de tomar una mala decisión basada en cómo nos sentimos en un momento concreto, o tener una reacción instintiva ante una situación determinada. Como es natural, esto marca una distinción clara entre los tipos de decisiones que pensamos que deberíamos hacer con nuestra cabeza y los que pensamos que deberíamos hacer con nuestro corazón. Tendemos a confiar en nuestra mente para tomar decisiones racionales desprovistas de interferencias emocionales, y tendemos a *des*confiar de nuestro corazón a la hora de tomar decisiones, creyendo que es la sede de la inestabilidad pasional, y que solo deberíamos hacerle caso si estamos dispuestos a soportar consecuencias imprevistas.

En Proverbios no parece haber una distinción tan radical entre el corazón y el entendimiento de la persona, al menos en lo tocante a confiar en el Señor. Esto lo vemos en 3:5 mediante el uso poético del paralelismo:

Fíate de Jehová de todo tu corazón,
Y no te apoyes en tu propia prudencia.

El uso intencionado de expresiones parecidas en las dos líneas de este versículo es algo que podríamos pasar por alto cuando recitamos este proverbio rápidamente. Al hacer un paralelo entre las palabras "fíate" y "apoyes", y "corazón" y "prudencia", el escritor nos proporciona una visión ulterior de los pasos prácticos que llevan a temer al Señor.

Esta exhortación a "no apoyarse" o a no confiar en nuestro propio entendimiento puede parecerle incorrecta al lector moderno, porque implica exactamente lo opuesto a lo que surge de nosotros por naturaleza. Es posible que buena parte de nuestra educación haya intentado prepararnos para fiarnos de nosotros mismos. Proverbios 3:5 expone esta idea de apoyarnos en nuestra propia prudencia como el acto de confiar en algo endeble, un proceder tan peligroso como que apoyes tu cuerpo contra la barandilla precaria de un puente sobre un torrente de aguas bravas. Este pasaje nos dice que confiar en el Señor con todo el corazón es, una vez más, lo *más sabio* que podría hacer racionalmente una persona. Aquí se solapan nuestro corazón y nuestro entendimiento, llamándonos a dejar de confiar en nosotros mismos de cualquier forma posible y a confiar en el Señor plenamente.

Esta verdad tiene implicaciones de gran consecuencia para el lector. Simplemente, piensa en esas cosas en las que nos "apoyamos" para que nos ayuden a tomar decisiones correctas en nuestros caminos: nuestra razón, nuestra educación, nuestra capacidad intelectual y otros recursos por el estilo. Según el versículo 5, la respuesta correcta al Señor requiere una redirección de esa confianza, poniéndola en Dios. Ciertamente que esto no elimina nuestra lógica, nuestra formación y nuestro intelecto como ayudas en el viaje, pero no nos guían; son más bien como una muleta que nos ayuda a caminar mientras eludimos los peligros insospechados en el camino hacia la sabiduría. El Señor es quien nos guía, y confiamos en su orientación.

Proverbios 3:5-6 nos expone el llamado a confiar en el Señor en todas las facetas de nuestra vida. Nos instruye que tengamos el anhelo de reconocer a Dios (literalmente, "conocerle"), y que integremos en nuestro camino la confianza y el conocimiento del Señor. Cuando nos esforzamos por confiar en el Señor antes que en nuestra propia capacidad, nos damos cuenta de que los caminos del Señor son más altos que los nuestros (ver Is 55:8-9) y, como resultado, permitimos que el Señor dirija nuestras sendas personales (Prov 3:6).

Puede que a estas alturas estés pensando: "¿Cómo podemos saber más sobre lo que significa en la práctica temer al Señor, si el concepto ni siquiera se menciona en Proverbios 3:5-6?". Observar (o memorizar) solo los versículos 5 y 6 es como cantar la canción del ABC llegando solo hasta la letra L: en realidad, nos quedamos a medio camino de lo que nos están diciendo los versículos. El entorno inmediato de este capítulo sugiere que los versículos del 5 al 8 deberían leerse juntos, lo cual significa que el versículo 7 acompaña lo que acabamos de leer:

No seas sabio en tu propia opinión;
Teme a Jehová, y apártate del mal.

¡Ahí está!

Para comprender esta referencia al temor del Señor, hemos de volver brevemente al versículo 6 y reflexionar sobre la última frase, que afirma que el Señor endereza nuestro camino. Esta aseveración debería inducirnos a una pregunta personal: ¿Por qué *necesita* el Señor alisar o enderezar mi camino? ¿Qué es lo que yo podría (o no) hacer a lo largo de mi camino que necesita corrección?

La siguiente línea responde indirectamente a esta pregunta mediante la reiteración de la instrucción de "no seas sabio en tu propia opinión" (v. 7). Aquí la conclusión es que nuestros caminos necesitarán inevitablemente que los enderecen si solo nos fiamos de nosotros mismos (o de "nuestros ojos") como guía para nuestro viaje. Honrar al Señor y tener la disposición de responder a él en obediencia (diciéndole siempre que sí), producirá una vida fiel de acuerdo con las instrucciones del Señor. Esto se ofrece como alternativa a depender de nuestro propio entendimiento o de ser sabio a nuestros propios ojos. Si somos sabios en nuestra propia opinión, nos respetamos más de lo que respetamos al Señor, y respondemos a nuestros propios deseos en lugar de a la guía divina.

Antes de seguir adelante, tenemos que hacer al menos una observación más sobre estos versículos tan conocidos: este pasaje presenta a Dios y a los seres humanos como seres que obran al mismo tiempo. Hay mandamientos para que los lectores "confíen", "descansen", "reconozcan", "teman al Señor" y "se aparten del mal", lo cual sugiere que los humanos somos responsables de lo que hacemos. Sin embargo, y al mismo tiempo, el Señor nos guía por nuestro camino. Lo ideal es que seamos cada vez más conscientes de nuestra necesidad y menos reacios a la guía del Señor en nuestras vidas. Maduramos y nos apartamos de aquellas cosas que no honran al Señor (por ejemplo, el mal), y no nos alejamos del camino que el Señor ha enderezado. Nuestras ambiciones personales se adecuan a los deseos que tiene el Señor para nosotros, y podemos demostrar nuestro temor del Señor al apartarnos del mal mientras seguimos nuestro camino.

Leemos concretamente que el temor del Señor es el instrumento por medio del cual podemos rechazar el mal, y lo vemos en Proverbios 16:6: "Con el temor de Jehová los hombres se apartan del mal". Proverbios 3:8 proclama que el temor del Señor produce una paz excepcional: "Porque será medicina a tu cuerpo, y refrigerio para tus huesos". La tranquilidad que se expresa con las palabras *medicina* y *refrigerio* se parece al poder restaurador de un buen trago de agua fría después de recorrer un tramo largo de terreno accidentado bajo el calor del verano. Puede que nuestra ruta sea ardua y que en su recorrido hallemos obstáculos inesperados, pero temer al Señor nos libera de los tropezaderos que sin duda generará la auto exaltación que es fruto de fiarnos de nuestro propio entendimiento.

A la hora de confiar en el señor, fiarse del "elemeneope" no es suficiente. No podemos recitar estos versículos de memoria y seguir adelante sin más. Por medio de este estudio de Proverbios 3:5-8 podemos ver que hay demasiado en juego. Solo al desmontar, analizar y recombinar las pequeñas "piezas del puzle" podemos apreciar el valor que tiene memorizar estos versículos y meditar en ellos como un conjunto. El llamamiento a confiar en el Señor no es precisamente un aforismo vacío. El hecho de que una persona confíe en el Señor o no lo haga tiene una serie de consecuencias prácticas:

1. Que confiemos o no en el Señor refleja inmediatamente si le tememos o no.
2. Que temamos o no al Señor indica si estamos en la disposición constante de decirle que sí.
3. Estar en la disposición constante de decir que sí al Señor revela si nos acercaremos o no a Proverbios con la actitud de aprender, dispuestos a recibir la enseñanza personal que tiene el Señor para nosotros a lo largo de nuestros respectivos viajes.

La instrucción de confiar en el Señor lo abarca todo, lo cual quiere decir que debemos someter a él todas las facetas de nuestras vidas. Debemos echar todo lo que somos sobre el Señor, quien es realmente fuerte, lo bastante como para soportar no solo nuestro peso sino también el de todo ese equipaje personal que llevamos con nosotros en nuestro viaje.

Sigamos adelante

Una vez hemos leído Proverbios 9, nos damos cuenta de que quedarnos quietos en nuestro viaje no es una opción. Tenemos que decidir qué trayectoria seguiremos. Nuestra capacidad de aprender del resto del libro depende de lo que decidamos hacer una vez se nos exponen los caminos de la sabiduría y de la necedad. En Proverbios 9, la sabiduría hace un último llamado, urgiendo a todos los que quieran escucharla a que se relacionen con ella:

Dice a cualquier simple: Ven acá.
A los faltos de cordura dice:

Venid, comed mi pan,
Y bebed del vino que yo he mezclado.

Dejad las simplezas, y vivid,
Y andad por el camino de la inteligencia. (Prov 9:4-6).

Al final de Proverbios 9, la importancia de elegir la dirección correcta en la vida es tan trascendental que el autor personifica a la sabiduría y a la necedad, a las que representa intentando convencer a las personas de que sigan por sus respectivos caminos. No es posible ni prudente que los lectores permanezcan estáticos en su ruta. Los lectores deben elegir: ¿caminarás por la senda de la sabiduría, o transitarás por el camino del mal?

"El camino de la sabiduría…"

En nuestra familia padecemos algunas alergias graves, de modo que no tenemos mascota. Debido a nuestra falta de amigos peludos, debo admitir que nunca he entendido por qué la gente habla a los animales (sobre todo a los perros) como si fueran personas. Ahora bien, antes de que los amantes de los perros se enfaden conmigo, os ruego que admitáis que quizá el problema lo tenga yo. Sencillamente, nunca he forjado con ningún animal el tipo de relación que manifiestan mis amigos amantes de las mascotas, y por consiguiente me muestro mucho menos afectuoso con estas criaturas.

Sin embargo, me resulta fascinante que algunos animales (sobre todo los perros) establezcan contacto visual con sus amos cuando sus orgullosos dueños les acarician con cariño y les expresan su afecto. A veces me he sorprendido preguntándome: "¿Qué estará pensando ese animal? ¿Qué diría si supiera hablar?". Pero los perros *nunca* podrán *decirte* lo que quieren, cómo se sienten o qué les pasa por la cabeza. Lo máximo que obtendremos de ellos será un ladrido, un gruñido, un gemido o un jadeo.

Aunque la sabiduría es totalmente inanimada y (a diferencia de los animales) carece de la capacidad de comunicarse mediante ningún tipo de expresión física, por lo que respecta a lo que diría la sabiduría si pudiera hablar no tenemos que jugar a las adivinanzas. La razón para esto es que a menudo el concepto de la sabiduría se expresa, explica e imparte por medio de la transmisión oral, como vemos en Proverbios. Leemos sobre él, escuchamos descripciones y debatimos sobre principios relativos al buen juicio, y por lo tanto podemos reconocer las manifestaciones prácticas del concepto. En última instancia, por medio de las palabras la sabiduría adopta una personalidad y exige que la escuchen. Las palabras tienen la capacidad de expresar exactamente qué es la sabiduría y, por consiguiente, aunque no está viva, habla inteligiblemente por medio de las páginas de Proverbios.

Dado que la sabiduría puede adoptar su propia personalidad, tiene sentido que el autor de Proverbios recurra a la imagen de la Sabiduría personificada que se dirige a sus oyentes. Se trata de una técnica retórica que vemos que se emplea al principio mismo de Proverbios, con objeto de señalar lo importante que es que el lector preste atención a la voz de la Sabiduría. Ya en Proverbios 1 la Sabiduría se presenta como alguien que alza su voz y llama a gritos por las calles a todos aquellos que la quieran escuchar. Se esfuerza por convencerles de que se aparten de la necedad y de que escuchen sus *palabras*:

La sabiduría clama en las calles,
Alza su voz en las plazas;

Clama en los principales lugares de reunión;
En las entradas de las puertas de la ciudad dice sus razones.

¿Hasta cuándo, oh simples, amaréis la simpleza,
Y los burladores desearán el burlar,
Y los insensatos aborrecerán la ciencia?

Volveos a mi reprensión;
He aquí yo derramaré mi espíritu sobre vosotros,
Y os haré saber mis palabras. (Prov 1:20-23).

La implicación primaria del llamado de la Sabiduría está clara: todos los que teman al Señor prestarán atención a su discurso y seguirán por su camino.

Al principio del libro, esa amiga a la que acabamos de conocer, Sabiduría, puede parecernos un tanto presuntuosa. Piensa en ello: ¿Quién se cree que es esa "persona" al ordenar a la gente que se vuelvan a ella a riesgo de padecer unas consecuencias terribles si no lo hacen (1:26-27)? ¿Quién es esa que alza su voz y afirma que puede derramar su espíritu sobre aquellos que la escuchen?

A medida que seguimos leyendo, nos damos cuenta de que la Sabiduría personificada cada vez se corresponde más con el carácter del Señor. Justo unos versículos después de que Sabiduría clame por las calles, al hijo se le dice esto:

Porque Jehová da la sabiduría,
Y de su boca viene el conocimiento y la inteligencia.

Él provee de sana sabiduría a los rectos;
Es escudo a los que caminan rectamente.

Es el que guarda las veredas del juicio,
Y preserva el camino de sus santos. (Prov 2:6-8).

Estos versículos clarifican la personificación de Sabiduría en Proverbios. Se nos dice que la verdadera sabiduría proviene de la boca del Señor. Así, cuando Sabiduría grita y reclama atención, no es que sea arrogante o pomposa, Sabiduría habla en nombre del Señor. En Génesis 1–2 se nos describe al Señor creando por medio de las palabras, y Proverbios define a Dios estableciendo los fundamentos de la Tierra por medio de Sabiduría (3:19; ver 8:22-31). La sabiduría personificada representa perfectamente el modo en que el Señor se comunica con el mundo. Cuando Sabiduría vocea su mensaje por las calles, empezamos a darnos cuenta de que debemos entender sus palabras como un mensaje del Señor. Esto es lo que anunciaría el Señor a los transeúntes si estuviera situado en la esquina de una intersección ruidosa: Volveos a mí, y yo, no solo os transmitiré mi sabiduría, sino que os daré mi Espíritu para que podáis obedecer y ser bendecidos (ver 1:23). La sabiduría personificada nos permite contemplar el corazón del Señor, que desea que todos se alejen de sus caminos antojadizos y escuchen a Sabiduría.

Al escuchar la voz de Sabiduría, podemos conocer el carácter del Señor y reflejar en nuestras vidas su temperamento y sus caminos. Sabiduría habla al corazón de quienes siguen este rumbo, permitiéndoles actuar de maneras que sean agradables para el Señor (ver 2:10). La instrucción de seguir el camino de la sabiduría se toca más a fondo en Proverbios 4, donde se nos presentan trayectorias opuestas para la vida, cuando el padre apela a la sabiduría de su propio padre para expresar a sus hijos la urgencia que tiene adquirir sabiduría (4:3-4). Cuando el padre reitera el consejo del abuelo, se vuelve a personificar la sabiduría, diciéndonos que produce actos congratulatorios en quienes la han escuchado. Exalta, honra y corona a esas personas: "No la dejes, y ella te guardará; ámala, y te conservará" (4:6). La sabiduría personificada es una figura multigeneracional del lenguaje que pretende aumentar el impacto de sus propias palabras. Cuando Sabiduría habla, debemos escucharla; cuando manda algo, debemos obedecerla.

Dentro de este contexto hay otro giro fascinante que podría perderse fácilmente en la traducción. En Proverbios 4:13 leemos: "Retén el consejo, no lo dejes; guárdalo, porque eso es tu vida". En inglés, la segunda parte del versículo parece estar hablando del término "consejo" con los pronombres femeninos, pero esto no puede ser, porque el original de "consejo" no encaja gramaticalmente con los pronombres en hebreo. Tenemos que retroceder unos pocos versículos, pero en el 11 encontramos la frase correspondiente: "el camino de la sabiduría". Este vínculo arroja luz sobre una idea a la que se alude frecuentemente en Proverbios: aceptar la instrucción del Señor es en esencia lo mismo que recorrer el camino de la sabiduría. Quienes temen al Señor y dicen que sí constantemente a la enseñanza santa, se unen a Sabiduría a lo largo de su viaje. En Proverbios, este es el camino que lleva a la vida y a la paz (ver 3:16-17).

En Proverbios, la sabiduría trasciende el concepto inanimado y difuso implícito en el uso sencillo y cotidiano de la palabra, y adopta una personalidad vibrante. Cuando la aceptamos y caminamos con ella, recibimos la ayuda divina ofrecida a quienes temen al Señor. Estas ideas se perfilan claramente por medio de la personificación de la sabiduría en Proverbios 8. Aquí encontramos a Sabiduría clamando en público (en un transitado cruce de caminos), de nuevo en un intento de persuadir a los transeúntes de que escuchen sus palabras (8:1-12). Una vez expone sus motivos para que la reciban, Sabiduría centra de inmediato su atención en el rasgo distintivo de quienes caminan con ella: el temor del Señor. Sabiduría afirma: "El temor de Jehová es aborrecer el mal" (8:13). Si escuchamos a Sabiduría, también nosotros aprenderemos a odiar aquellas cosas que ponen distancia entre el Señor y nosotros, los conflictos con nuestro prójimo y la agitación interna de quienes albergan estos rasgos impíos (por ejemplo, en el v. 13, el orgullo, la arrogancia, la boca perversa).

Al final de su monólogo en Proverbios 8, Sabiduría llama "bienaventurados" a quienes encuentran su camino, exige atención a su instrucción y alaba la disposición de aprender (8:32-34). En este momento, Sabiduría hace una afirmación impactante que, de repente, hace que aumente muchísimo la importancia que tiene prestarle oídos: "Porque el que me halle, hallará la vida, y alcanzará el favor de Jehová" (v. 35). Según Sabiduría, ella "encarna" el favor del Señor, y el resultado de poseerla es la vida. Quienes guardan sus caminos (es decir, aceptan la enseñanza como resultado de temer al Señor) permanecen en la senda de la sabiduría que conduce a la vida. La sabiduría no es simplemente algo que obtenemos; es algo en lo que caminamos y en lo que nos concentramos en todo momento.

Gracias a los monólogos de Sabiduría podemos observar la naturaleza urgente de elegir el camino correcto. Esta urgencia se hizo evidente al principio de Proverbios, cuando Sabiduría llamó por las calles a aquellos que quisieran escucharla, en 1:20-33; quedó corroborada por una escena parecida en 8:1-2, y la enfatiza el llamado de Sabiduría al final de la sección inicial de Proverbios (9:4-6).

Una vez más, Sabiduría presenta una invitación universal para que todos abandonen sus caminos imprudentes y se vuelvan a ella, tengan comunión con ella y empiecen a recorrer el camino del entendimiento. La lógica que respalda el argumento de Sabiduría es evidente en su discurso: quienes la escuchan manifiestan su disposición de aprender; la persona que tiene esa actitud "ama" que la reprendan y aumenta su conocimiento, y quienes aceptan la instrucción y aumentan su conocimiento demuestran que temen al Señor (diciendo que sí a Dios constantemente), y que siguen el rumbo hacia la sabiduría. Esta es una trayectoria mediante la cual creceremos en nuestro conocimiento del Señor (9:7-10).

La sabiduría personificada ha dicho todo lo necesario para persuadirnos a seguirla por su camino, y en este sentido el escritor de Proverbios ha hecho todo lo posible por inducirnos a leer el resto del libro, habiendo elegido caminar en la senda de la sabiduría. Sin embargo, si somos obstinados y no hacemos caso a Sabiduría, ella no solo se ofende, sino que afirma que habrá consecuencias seguras de avanzar por el camino de la maldad.

"...en contraposición al camino de la maldad"

Cuando quise matricularme en un programa de doctorado, tenía los ojos puestos en una universidad en concreto. Me alegré muchísimo cuando me llamó uno de los miembros del profesorado de aquel centro poco después de que presentara mi solicitud, y me invitaron a una visita al campus universitario. Al cabo de pocas semanas, fui en avión a la universidad para que me entrevistase un profesorado de talla mundial. Aquellos pocos días vinieron y se fueron, y cuando abandoné la universidad lo hice extremadamente confiado en mis posibilidades para que me admitiesen en aquel centro de mis sueños, mi primera opción.

No hace falta decir que me quedé muy sorprendido cuando no recibí una llamada telefónica inmediata de parte de un miembro del profesorado para captarme para un puesto doctoral acompañado de una beca generosa. Pasaron los días y me vi obligado a llegar a la conclusión de cuál era la única razón posible de la demora en responderme: la universidad había admitido y ofrecido becas de investigación a otros candidatos.

Después de lo que me pareció un periodo de tiempo larguísimo (es probable que solo fueran unos pocos días), al final recibí una llamada telefónica. Y después de un rato angustioso de andarse por las ramas, el profesor me informó de que no había sido elegido para la admisión.

Todos nosotros hemos estado en situaciones en las que sospechábamos que venía de camino alguna mala noticia, y lo único que queríamos era enfrentarnos al desengaño inminente. Esta percepción de las malas noticias cercanas es importante también para nosotros como lectores. Por lo general, aprendemos a esperar la amenaza de las malas noticias cuando participamos en una conversación o leemos una historia. También aprendemos a esperar malas noticias en Proverbios 1–9, cuando se exponen repetidas veces las dos trayectorias posibles. Generalmente, el camino de la sabiduría se expone primero, con sus correspondientes beneficios, seguido por el camino de la maldad y sus consecuencias inevitables. Cuando vuelve a mencionarse el camino de la sabiduría, esperamos que lo próximo en venir serán malas noticias para aquellos que eligen el camino de los malos.

Hemos dedicado la mayor parte de este estudio a pensar en los beneficios que proporciona recorrer el camino de la sabiduría al temer al Señor. Sin duda que ha sido lo más correcto, dado que está claro que el escritor de Proverbios pretende que todos sigan este camino. Sin embargo, el autor también admite que no todos serán receptivos al llamado de caminar por la senda de la sabiduría y, por consiguiente, presenta "el camino del mal". Sin embargo, al pensar en esta exposición de los caminos que hace Proverbios, es importante recordar que el único camino que se considera legítimo o, incluso, razonable, es el de la sabiduría. Así, el camino del mal se expone en términos hiperbólicos para dejar claro lo absurdo que es no buscar la sabiduría.

El viaje por este camino equivocado se presenta en diversas etapas en Proverbios 1–9. Al principio, quienes rechazan la sabiduría lo hacen porque deciden negarse a estar abiertos a la instrucción y a la corrección. Esta decisión, inevitablemente, lleva a la persona a quedar sujeta a sus propios recursos necios, que culminan en decisiones inmorales y nocivas. Al final, esas personas se ven obligadas a padecer las consecuencias del camino torcido que recorrieron alocadamente. En esta sección analizaremos qué tiene que decir Proverbios 1–9 sobre viajar por el camino del mal.

Cerrados a la corrección, independientes de la instrucción

Quienes recorren el camino del mal no son personas a las que se pueda enseñar. Lo único que tenemos que hacer es ver cómo habla Sabiduría sobre aquellos que ignoran su enseñanza, y entenderemos que quienes no la escuchan a ella, ni a sus padres ni a sus amigos, ni a nadie que pudiera considerarse una fuente de sabiduría santa, pertenecen al mismo tipo de personas. Tales individuos han cometido el grave error de ofender a Sabiduría.

Sabiduría clama repetidamente en busca de personas que escuchen su consejo, y se hace vulnerable al invitarles a tener comunión con ella. Sin embargo, llega un momento en que Sabiduría acaba cerrando las puertas de su casa y reflexiona sobre aquellos que han rechazado su invitación. Pasar por alto a la sabiduría no es una ofensa cualquiera, y no debemos pensar que la reacción de Sabiduría es una venganza pueril. Sabiduría habla en nombre del Señor, lo cual significa que su invitación para aceptar la instrucción es la que hace el Señor cuando nos conmina a dejarnos enseñar. Sabiduría promete ignorar a quienes se niegan obstinadamente a escucharla cuando más adelante se encuentren inmersos en una gran necesidad. En

Proverbios 1:24-28 apreciamos hasta qué punto se siente ofendida Sabiduría:

Por cuanto llamé, y no quisisteis oír,
Extendí mi mano, y no hubo quien atendiese,

Sino que desechasteis todo consejo mío
Y mi reprensión no quisisteis,

También yo me reiré en vuestra calamidad,
Y me burlaré cuando os viniere lo que teméis;

Cuando viniere como una destrucción lo que teméis,
Y vuestra calamidad llegare como un torbellino;
Cuando sobre vosotros viniere tribulación y angustia.

Entonces me llamarán, y no responderé;
Me buscarán de mañana, y no me hallarán.

Hablando en términos prácticos, quienes rechazan intencionadamente a Sabiduría lo hacen porque le dicen que no al Señor repetida y perpetuamente. Como afirma Sabiduría,

Por cuanto aborrecieron la sabiduría,
Y no escogieron el temor de Jehová,

Ni quisieron mi consejo,
Y menospreciaron toda reprensión mía... (Prov 1:29-30).

No temen al Señor, rechazan su palabra y al final acaban relacionándose con el pueblo del Señor y con la Creación de maneras destructivas.

Decisiones necias

Nunca he conocido al personaje de la sabiduría personificada. Sin embargo, sí me he encontrado con personas que intentaron hablarle a mi vida igual que se esfuerza Sabiduría para que el transeúnte (es decir, el lector) escuche su voz en Proverbios 1–9. Una de esas personas fue mi madre, quien, en muchos sentidos, fue para mí una personificación de la sabiduría mientras yo iba creciendo. Como resultado de ello, reconozco la inmensa importancia que tiene la influencia de los padres en la formación del concepto que tendrán sus hijos de la sabiduría, y sobre su capacidad de tomar buenas decisiones.

Proverbios 1–9 ilustra este hecho mediante la descripción constante de unos padres que transmiten su enseñanza a un hijo. Por ejemplo, al principio de Proverbios 2 instruyen al hijo para que siga el camino de la sabiduría, lo cual perfila los beneficios que tiene hacer caso de los consejos paternos (2:1-11). El padre sigue describiendo el camino de la persona que no tiene en cuenta la enseñanza de sus progenitores, y que al final adolece de discreción y de entendimiento. En lugar de recorrer el camino de la justicia, la rectitud y la equidad, las personas que rechazan la instrucción transitan por la senda de las tinieblas (4:19), que las conduce a la inmoralidad y a hacer daño a otras personas para obtener beneficios personales (2:12-15; ver 1:11-18). Quienes ignoran la sabiduría al menospreciar la enseñanza de sus padres pueden acabar tomando decisiones terribles que son perjudiciales para ellos mismos y para otros.

Una de las imágenes primarias del rechazo de la sabiduría es el camino de la mujer prohibida, la que incumple el pacto:

Cuando he aquí, una mujer le sale al encuentro,
Con atavío de ramera y astuta de corazón.

Alborotadora y rencillosa,
Sus pies no pueden estar en casa…

Se asió de él, y le besó.
Con semblante descarado le dijo…

Porque el marido no está en casa;
Se ha ido a un largo viaje. (Prov 7:10-11, 13, 19; ver 2:16-19;
5:1-14; 6:24-35).

Cada uno de los pasajes que describen esta decisión tan miope como ridícula empieza con la exhortación que hace el padre a su hijo para que escuche la instrucción que conduce a la sabiduría. Por ejemplo, en Proverbios 7:1, 4 leemos:

Hijo mío, guarda mis razones,
Y atesora contigo mis mandamientos...

Di a la sabiduría: Tú eres mi hermana,
Y a la inteligencia llama parienta. (Prov 7:1, 4; ver 2:1-2; 5:1-2; 6:20-23).

Las imágenes seductoras de este pasaje son evidentes, aunque en realidad no quieren decir lo que podríamos sospechar de entrada. De la misma manera que la sabiduría personificada representa un mensaje que viene del Señor, que dirige a los lectores al camino de la sabiduría, la seductora en Proverbios 1–9 demuestra una necedad extrema, representa el camino del mal, y no es una mujer en concreto ni pretende representar a todas las mujeres en general. Esta vampiresa representa lo que eligen los humanos cuando se les deja actuar por su cuenta e ignoran la sabiduría.

En ese estado sin sabiduría, las personas evidencian su tendencia a iniciar caminos que son destructivos para ellas y para otros (ver 4:14-17). Al final esto se personifica en la Dama Locura, que intenta imitar la capacidad de persuasión de la Dama Sabiduría en 9:13-17. Cuando uno rechaza a Sabiduría en favor de Locura, hay consecuencias.

A continuación nos centraremos en la desastrosa secuela que tiene tomar decisiones estúpidas.

La desastrosa secuela de las decisiones absurdas

En Proverbios, la secuela que tiene el hecho de que alguien opte por el camino malo suele definirse como la imagen de unas personas que "cavan su propia tumba". El resultado final de este camino se expone con mayor detalle en 1:31-32, donde aquellos que viajan por el mal acaban "comiendo del fruto de su camino", y "los matará" el resultado de su necedad. Este tipo de lenguaje se retoma en 2:18-19, donde aquellos que van por el camino de la mujer mala "no seguirán otra vez los senderos de la vida". El libro define con más detalle a quienes no honran al Señor como personas atrapadas en su viaje por sus "iniquidades", que conducen a su muerte prematura (5:22-23). La Dama Sabiduría afirma que quienes la escuchen hallarán la vida, pero quienes no la encuentren padecerán un perjuicio, y al final amarán más la muerte que la vida (8:35-36). En última instancia, cuando acabamos de leer Proverbios 1–9, el final de esta trayectoria está claro: quienes siguen el camino del mal provocan su propia muerte: "Y no saben que allí están los muertos; que sus convidados están en lo profundo del Seol" (9:18).

Sé que este lenguaje suena drástico, pero tenemos que asumirlo. ¿De verdad el escritor pretende decir que quienes toman malas decisiones mueren por su causa? Quizá en cierto sentido. Proverbios describe a las personas que andan por el camino del mal como individuos que cometen transgresiones bastante malvadas, como acechar ocultos para robar y matar a inocentes (1:11-18). Puede ser que el autor de Proverbios deje abierta la posibilidad de que la retribución por la maldad se produzca durante esta vida. Por un lado, nuestra intuición, desarrollada por medio de las experiencias de la vida, nos dice que leer los proverbios como promesas de la retribución divina universal en esta vida es problemático, y por consiguiente no deberíamos pensar que este es el único significado de los versículos que pronostican un final ominoso para el malhechor. Por otro lado, nuestra experiencia también confirma el antiquísimo proverbio: quien a hierro mata, a hierro muere.

Parece que en estos versículos tan llenos de duras palabras sobre el destino terrible de los malvados también está pasando otra cosa. La impactante retórica de estas secciones de Proverbios se usa para evidenciar la gravedad de la ofensa que es ignorar al Señor. Este lenguaje sobre la caída de quienes siguen por el camino del mal parece reflejar la muerte, en el sentido de la separación del Señor en los senderos que siguen tales individuos. Así es como podría producirse la "muerte" (en este sentido de "separación del Señor") en nuestras circunstancias de la vida real:

- Las personas obstinadas dan un paso en la dirección incorrecta cuando rechazan la instrucción del Señor. Esta determinación de menospreciar la instrucción facilita que rechacen la corrección.
- Después de rechazar una y otra vez la corrección, esas personas aún se alejan más de la sabiduría, llegando al punto en que no les interesa en absoluto la Palabra del Señor ni el deseo de decirle que sí.
- Alejadas del Señor y no interesadas particularmente en escuchar a nadie o nada relacionado con la sabiduría, esas personas viven exclusivamente al servicio de sus propios deseos. Hacen lo que creen justo a sus propios ojos.
- Quienes viven una vida dominada por sus deseos, sin tener en cuenta la Palabra del Señor o a su pueblo, cometen actos traicioneros de transgresión, como emboscar a personas inocentes para hacerse con unos bienes que consiguen de la manera incorrecta.

Las personas que pasan por alto el camino de la sabiduría aceptan la muerte cuando optan por servirse a sí mismas, aceptando por lo tanto la separación del Señor, como alternativa a una vida que se vive en estrecha proximidad con él, que camina por el sendero hacia la sabiduría.

Poco después de enterarme de la mala noticia de que me habían rechazado en la universidad de mis sueños, me entusiasmó enterarme de que me habían aceptado en otra universidad para cursar mi doctorado en Israel, y me ofrecieron una generosa beca. La montaña rusa emocional de recibir buenas noticias (es decir, la invitación al campus de la primera universidad), escuchar malas noticias (o sea, el rechazo), y volver a recibir buenas noticias (la aceptación con beca en el nuevo centro) fue una experiencia formativa. Aprendí a apreciar las buenas noticias, no simplemente a esperar que todo me fuera bien. Irónicamente, fueron las malas noticias las que me ayudaron a entender la unicidad de mi viaje educativo, y ahora atesoro la experiencia que tuve cuando redacté una tesis doctoral sobre un campo que me apasiona.

Acabamos de escuchar las malas noticias de Proverbios. La aspiración subyacente en dedicar cierto tiempo a estos textos es la de que nos ayudarán a entender y a apreciar más las buenas noticias: se nos invita a relacionarnos con la Dama Sabiduría, que habla en nombre del Señor. Por medio de su invitación, el Señor transmite el deseo de tener comunión con nosotros durante este viaje de la vida, y de ofrecernos sabiduría. Centrémonos ahora en las buenas noticias y tomemos la iniciativa de ignorar otras opciones potenciales que podrían inducirnos a no admitir la superioridad del camino de la sabiduría.

Avanzando por el resto de Proverbios

Después de leer Proverbios 1–9 observamos que la exhortación y la instrucción de Proverbios pueden convertir al necio que se dirige hacia la separación del Señor en un sabio que teme a Dios. Dentro de esta verdad hallamos otra pieza esquinera del puzle: el temor del Señor nos exige que caminemos obedientemente en el camino de la sabiduría, y nos permite no salirnos de él. Sin embargo, es inevitable que los caminos personales, individuales, de aquellos lectores que eligen el temor del Señor y dicen coherentemente que sí al Señor como actitud de su vida difieran en gran medida, dada la diversidad de las circunstancias vitales de cada ser humano. En el siguiente capítulo hablaremos de la unicidad de sendas distintivas que avanzan en la misma dirección.

CAPÍTULO 3

Los caminos prácticos y personales

Hace unos años, mi buen amigo Michael sintió curiosidad por una conferencia académica que yo iba a dar en un seminario. Me convenció de que la ensayase para él en mi sala de estar. A regañadientes, conecté mi ordenador a su televisión y me metí con ganas en la materia académica.

—Ha sido impresionante —me dijo—, pero me impresionaría *de verdad* si se lo pudieras explicar a Caleb.

Caleb era su hijo de seis años.

Inmediatamente entendí lo que quería decirme.

Verás, Michael y yo tenemos mucho en común. Los dos somos de Puerto Rico. Durante la mayor parte de nuestras vidas los dos vivimos como parte de la población minoritaria en Estados Unidos. Los dos procedemos de familias con un estatus socioeconómico bajo. A los dos nos criaron nuestras madres en hogares con un solo progenitor. Ambos pasamos periodos de nuestras vidas en Nueva York, Nueva Jersey o Puerto Rico.

Básicamente, Michael y yo crecimos juntos, aunque no nos conocimos hasta que ya teníamos veintitantos años.

Todo este trasfondo compartido implica un hecho tácito: Michael y yo hablamos el mismo "idioma"; nos entendemos intuitivamente el uno al otro. Lo único que tuvo que hacer fue decirme que le "impresionaría *de verdad*" explicando aquel material a su hijo de seis años e inmediatamente comprendí que estaba haciendo alusión a algo más importante y profundo. En esencia, Michael me estaba diciendo: "Vamos a ver si te acuerdas de dónde has venido, Dominick. Veamos si, a pesar de toda la educación que has recibido desde que saliste de nuestra comunidad, aún admites que las Escrituras fueron escritas para explicarlas a todo el mundo, como es necesario que sea, y no solo entendidas *realmente* por la élite académica". Varios años después de obtener mi título de doctorado en Biblia hebrea, y de haber escrito incontables páginas sobre lo que muchos considerarían "minucias bíblicas triviales", todavía recuerdo los comentarios de Michael.

Cuando leemos Proverbios, enseguida nos damos cuenta de que el libro nació en la élite educada y social. Después de todo, al principio de su primera sección la composición se presenta como "los proverbios de Salomón, hijo de David, rey de Israel" (1:1). La siguiente sección se reintroduce bajo el sencillo encabezado "los proverbios de Salomón" (10:1), denotando los orígenes aristocráticos de los dichos individuales (capítulos 10–29). Los orígenes salomónicos de muchos de los proverbios les conferían cierto grado de autoridad, que evidenció el hecho de que varios cientos de años después de la muerte del rey Salomón el rey Ezequías mandó copiarlos (25:1). Durante años, los estudiantes de la Biblia han debatido sobre la identidad de Lemuel, que aparece en Proverbios 31:1, pero una cosa está clara: Lemuel era rey. Estos proverbios, que aparentemente se originaron en la corte real, los incorporaron al libro de Proverbios en algún momento posterior unas personas con una buena formación, que sabían leer y escribir. Estos hechos, junto con las múltiples referencias al "rey" y los "reyes" en Proverbios (por ejemplo, 16:10, 12-15; 25:2-6), demuestran que los dichos individuales y el libro en general tienen su origen en la élite intelectual y social de su época.

Al mismo tiempo, incluso una lectura informal de Proverbios revela que los dichos no están limitados al círculo de la élite social. Esto es evidente gracias a los énfasis reiterados sobre temas que afectan a la vida del ciudadano de a pie, no solo a los reyes. Por ejemplo, a lo largo de Proverbios hallamos exhortaciones reiteradas a trabajar duro, a que la gente tenga una actitud humilde respecto a otros, mandamientos constantes de ser juiciosos al hablar, llamados a cuidar de los menos afortunados, y la insistencia de que seamos lentos para la ira; todo esto entre muchos otros temas parecidos. Aunque es posible que Proverbios naciera en la corte de un rey, la sabiduría contenida en sus páginas debía llenar los corazones de las personas de la calle y manifestarse en las vidas de quienes aceptaban sus enseñanzas.

La evidencia interna de que Proverbios es aplicable a todo el mundo es, sin duda, un alivio. La mayor parte de los habitantes del mundo no son de la realeza, y ni siquiera forman parte de la élite social. La sabiduría de Proverbios es accesible a todas las personas que teman al Señor, independientemente de su origen social. Da lo mismo que seas un gobernante que ocupa un puesto de autoridad o una persona desfavorecida que se siente ignorada; tanto si has superado la pobreza accediendo a un estatus social diferente como si naciste en el seno de una familia real; tanto si tienes un doctorado, másteres, posgrados, como si nunca aprendiste a leer: Proverbios es para ti. Los estándares de conducta que expone, sobre todo mediante las aseveraciones claras que figuran en temas repetidos en Proverbios 10–30, son relevantes para todos. Desde el erudito hasta Caleb, todos se sienten inducidos a plantearse: "¿Qué significa este proverbio para mí?".

En su mayor parte, Proverbios 10–30 contiene afirmaciones pragmáticas, citables y fáciles de memorizar. Los proverbios de esa sección hacen referencia a determinada conducta que refleja si una persona teme o no al Señor y, por consiguiente, avanza en la dirección correcta por la vida. Por lo general, esta conducta se describe mediante el contraste de dos formas de actuar dentro de un versículo o un grupo de ellos. Nuestro objetivo en este capítulo consiste en identificar algunos de los temas principales que surgen de los proverbios individuales en los capítulos 10–30, y reflexionar sobre cómo Proverbios nos llama a manifestar nuestro temor del Señor en las situaciones y en las circunstancias actuales de nuestra vida.

Discurso: El factor *Shakshuka*

Soy un fanático de la comida callejera. Esto hizo que el tiempo que viví en Israel fuera extremadamente agradable a la par que peligroso. El falafel, el shawarma y el *sabich*[1] no solo son deliciosos, sino que se pueden encontrar por todas partes en las zonas más populosas, y tienen un precio muy razonable. Sin embargo, durante un encuentro con la comida ambulante israelí, lo que me llevó a una situación peliaguda no fue lo que entró en mi boca sino lo que salió de ella.

Recuerdo vívidamente que estaba plantado delante de aquel diminuto puesto de comida ambulante situado en un mercado local al aire libre, donde servían todo tipo de comida israelita para llevar. Le dije al dependiente: "*Shakshuka* en pan de pita". Necesitaba saciar mi hambre tomando aquella delicia de huevo y salsa de tomate, un desayuno típico en Israel,

---

[1] El *sabich* es un bocadillo tradicional israelí hecho de pan de pita relleno de berenjena frita, huevo duro, *hummus* (pasta de garbanzos), *tahine* (pasta de sésamo), tomate, pepino o pepinillos, perejil, cebolla, limón y, algunas veces, patata. (N. del T.).

y tenía prisa. Tenía muchísima hambre y debía llegar a todo trapo a la universidad, lo cual significaba que no tenía tiempo para tomarme una *shakshuka* según el método más indicado, sentado a una mesa y en una sartén caliente.

Para mi sorpresa y desencanto, el chef tardó bastante rato en prepararme la comida. Después de unos minutos de impacientarme esperando, pregunté frustrado al dependiente por qué estaba tardando tanto mi pedido.

"Hermano", me contestó como si yo ya debiera conocer la información que me estaba dando, "cocinar *shakshuka* en una sartén lleva su tiempo".

Inmediatamente me sentí furioso. No solo había confundido mi pedido, sino que ahora mi paradita para comer *shakshuka* se prolongaría el doble de tiempo y me saldría el doble de cara.

"Pero no la he pedido en sartén, lo he pedido en pita", dije, levantando la voz.

"No, me ha dicho que la quería en sartén", respondió el vendedor usando un tono mucho más calmado que el mío, pero que sugería aun así que no pensaba cancelar el pedido.

Para vergüenza mía, interpreté puerilmente aquella respuesta como una provocación. Me fui enfadando cada vez más con el dependiente, y seguí discutiendo con él sobre mi pedido de *shakshuka* como si fuera una cuestión de vida o muerte. Dado que el puesto de comida ambulante tenía un mostrador muy reducido, el cocinero que estaba preparando mi pedido estaba a menos de dos metros de mí, escuchando nuestra acalorada discusión. Al final empezó a intervenir en ella, expresando su irritación por estar cocinado unos alimentos que, según dejaba yo entrever, no pensaba pagar. Al final me volví hacia él con un exceso de arrogancia difícil de imaginar, levanté mi voz (y mi mano) agresivamente con el tono más amenazador posible, y vociferé: "Y además, ¿quién está hablando contigo?"

Mi siguiente pensamiento fue: "¡No, no! ¡Error, error!".

El cocinero levantó la cabeza del grill y me observó furioso a través de la estantería metálica donde estaban colgadas las notas con los pedidos. Aquel hombre, ex militar, era como 14 cm más alto que yo, pesaba unos 15 kg más y sin duda tenía un índice de masa corporal que podría haber hecho que mi día empeorase mucho.

Se produjo un instante de silencio.

"Pero, ¿a ti qué te pasa, tío?", preguntó el chef con una voz que expresaba cierta compasión, como diciendo que no solo estaba actuando como un desequilibrado, sino que tampoco tenía ni idea de dónde me estaba metiendo.

Su intuición había acertado.

Yo estaba actuando de un modo totalmente irracional, largando improperios por unos pocos *shekels* y un par de minutos. Acepté contento la *shakshuka* en la sartén, me senté y dejé que la delicia encerrada en la comida de venta ambulante en Israel entrase en mi boca, en lugar de dejar que la extrema necedad de mi orgullo y mi arrogancia siguiera saliendo de ella. La locura manifiesta en mi forma de hablar casi me manda al otro barrio.

La verdad es que todos, de vez en cuando, decimos cosas que nos gustaría habernos callado debido a la angustia que pueden provocar nuestras palabras a nosotros mismos y a otros. Dado el hecho de que la comunicación verbal forma una parte tan importante de la vida y de la interacción humanas, diariamente nos enfrentamos a innumerables decisiones respecto a cómo usaremos nuestro lenguaje. La "boca", "los "labios" y la "lengua" son símbolos, o metónimos, del "habla", y a menudo aparecen en los proverbios para reflejar cómo el lenguaje (o incluso su ausencia) es indicativo de la trayectoria que uno sigue en la vida.

Un ejemplo del lenguaje al que se hace referencia solamente con la mención de la "lengua" y los "labios" se puede encontrar en el contraste entre el lenguaje positivo y negativo que hallamos en Proverbios 12:17-19:

El que habla verdad declara justicia;
Mas el testigo mentiroso, engaño.

Hay hombres cuyas palabras son como golpes de espada;
Mas la lengua de los sabios es medicina.

El labio veraz permanecerá para siempre;
Mas la lengua mentirosa solo por un momento.

En Proverbios 18:7, la "boca", unida al paralelo de los "labios", hace referencia a cómo habla un necio: "La boca del necio es quebrantamiento para sí, y sus labios son lazos para su alma". Quienes recorren el camino de la maldad usan el lenguaje para herir, mientras que los que optan por el camino de la sabiduría utilizan juiciosamente su habla para edificar a otros y manifestar su temor del Señor.

Un tema problemático que acosa al necio que recorre el camino del mal es la incapacidad de guardar silencio. En Proverbios a los necios se les describe como hablando sin parar, pero al mismo tiempo no dicen nada con sustancia. De hecho, aunque los necios puedan creer que su discurso vale la pena, en realidad solo hacen que provocar altercados que dan como resultado su propio perjuicio.

Proverbios 18:6 dice: "Los labios del necio traen contienda; y su boca los azotes llama". Estuve de experimentar justo eso en mi episodio con la *shakshuka*. Me apresuré con mis palabras, y por lo tanto actué como un necio, que es otro tabú en Proverbios (ver 20:25; 29:20). Tras el uso necio del lenguaje existe una motivación que está relacionada con una de las enseñanzas "pieza de puzle" del libro de Proverbios. Quienes no escuchan a nadie no son receptivos a ningún tipo de instrucción, porque creen que lo saben todo, como afirma Proverbios 18:2: "No toma placer el necio en la inteligencia, sino en que su corazón se descubra".

Los "sabelotodo" a quienes solo les interesa su propia opinión y no están dispuestos a escuchar, aprender, comprender o a que los corrijan no pueden recorrer el camino de la sabiduría. Quienes siempre rechazan la sabiduría tampoco emplean bien su lengua, creando un vacío en la comunicación que se llena de iniquidad (19:28). Parlotean y balbucean como si tuvieran mucha información y muchos recursos, pero en realidad solo dicen tonterías. Proverbios 15:2 afirma explícitamente: "La lengua de los sabios adornará la sabiduría; mas la boca de los necios hablará sandeces"; y Proverbios 14:7 sugiere que incluso pasar tiempo con quienes usan mal su lengua es una pérdida de tiempo: "Vete de delante del hombre necio, porque en él no hallarás labios de ciencia" (ver también 10:21; 15:14). En el mismo momento en que abren la boca, sale a la luz su necedad para que todos la vean (13:16). La única esperanza que tienen los necios de esconder su indiscreción cuando hablan radica, simplemente, en callarse (17:28), pero incluso esto parece ser una tarea imposible, dado que a los necios les encanta escucharse hablar.

Proverbios razona que es mejor vivir en unas circunstancias materiales terribles que evidenciar, por medio del habla, que uno es un necio. Por ejemplo, es mejor verse privado de las cosas que necesitamos para vivir y ser una persona que camina en integridad, que desbordar de riquezas y usar el habla de manera perjudicial (19:1; ver 28:6). La pobreza puede generar una angustia física indeseable, pero no te separará del camino de la sabiduría. Dado que a los necios no les interesa la sabiduría, sus bocas son ilustrativas de los senderos nocivos de la maldad: engañan, murmuran, difaman, conspiran para robar, ocultan violencia y odio y crean separación entre sus congéneres humanos. Los necios que están empeñados en seguir por el camino de la maldad provocan su caída mediante el uso imprudente del lenguaje. Proverbios 10 se centra bastante en este punto, como vemos en el versículo 8: "El sabio de corazón recibirá los mandamientos; mas el necio de labios caerá" (ver también 10:10, 14, 18, 21).

Por el contrario, cuando los sabios hablan son juiciosos. Proverbios nos dice que hay como mínimo tres maneras de las cuales, quienes siguen el camino de la sabiduría, usan cuidadosamente su habla, en contraste con la temeridad retórica del necio: 1) Los sabios hablan menos. 2) Los sabios dicen cosas sabias. 3) Los sabios usan las palabras para reconciliarse.

Los sabios hablan (menos)

En Proverbios, a los sabios se les describe como personas mucho menos inclinadas a airear sus opiniones. Dado que los sabios se dejan enseñar y no se disfrazan de gente que lo sabe todo, son más propensos a escuchar. Manifiestan su disposición a escuchar al contener sus labios y al admitir que no hay que airear todas las opiniones, que no hace falta expresar todos los sentimientos, y que es mejor estar callado en la sabiduría que decir sandeces. Proverbios 10:19 lo deja claro: "En las muchas palabras no falta pecado; mas el que refrena sus labios es prudente" (ver también 11:12-13; 17:27-28). De esta manera, logran eludir problemas innecesarios porque se detienen antes de hablar, en lugar de dar rienda suelta a su lengua sin ponerle freno y tener que padecer las consecuencias potencialmente negativas de semejante discurso mal encaminado. Como dice Proverbios 13:3, "El que guarda su boca guarda su alma; mas el que mucho abre sus labios tendrá calamidad" (ver también 14:3; 15:28; 21:23). Durante esa pausa (el periodo de espera después de escuchar y antes de hablar), el Señor puede hablar al corazón de los sabios, ofreciéndoles las palabras idóneas para las situaciones difíciles, palabras que no habrían existido si hubieran seguido sin más sus intuiciones humanas (16:1). En Proverbios existe una fuerte correlación entre la paciencia para responder y el discurso equilibrado.

En Proverbios también existe una correlación destacable entre la autoimagen y el uso del habla. Quienes tienen una opinión alta de sí mismos tienden a usar el lenguaje para exaltarse, mientras que los verdaderamente sabios no se sienten inclinados a usarlo de forma halagadora para sí mismos. Proverbios 27:2 nos invita a no utilizar la lengua para alabarnos a nosotros mismos, diciendo: "Alábete el extraño, y no tu propia boca; el ajeno, y no los labios tuyos". Un paso práctico hacia la humildad consiste en guardar silencio mientras otros te alaban si desean hacerlo. De esta manera, el sabio no tiene la oportunidad de usar el habla para jactarse de sí mismo, o para reflejar la naturaleza imprudente del necio parlanchín.

Los sabios hablan (sabiduría)

Cuando los sabios dicen algo, normalmente se nos informa de que usan sus palabras para transmitir conocimientos, instruir en sabiduría y denunciar la conducta perjudicial (10:31; 15:2, 7; 26:5). Siguiendo el ejemplo de la Dama Sabiduría, las personas sabias usan palabras para llamar a los oyentes al camino de la sabiduría y para reprender a quienes se han descarriado del camino idóneo (28:23). Dada nuestra oposición natural a la represión, podríamos pensar, instintivamente, que las palabras correctivas son ofensivas. Sin embargo, la persona sabia de Proverbios está siempre abierta a que la corrijan. Para el sabio, los labios que transmiten conocimiento son como el oro, la plata y las piedras preciosas (10:20; 20:15). Quienes usan el lenguaje para ayudar a las personas en el camino a la sabiduría son como ornamentos de metales preciosos (25:12). A su vez, quienes escuchan la sabiduría y responden a ella siempre tienen a su disposición palabras sabias, y están listos para aplicarlas y enseñarlas en cualquier situación dada (22:17-18). Los sabios usan el lenguaje para fortalecer y refrescar a quienes les rodean, de forma parecida a como un panal de miel, en contacto con las papilas gustativas, revitaliza el cuerpo (15:4; 16:24).

Los sabios usan las palabras para reconciliar

Sabemos que es difícil eliminar las connotaciones negativas asociadas con la palabra *corrección*, a pesar de lo que dice Proverbios sobre la correlación entre la sabiduría y recibir instrucción. Al escuchar la palabra *corrección*, muchos de nosotros no podemos por menos que pensar en un director de instituto de secundaria que nos tenía manía y estaba decidido a usar su autoridad para agobiarnos hasta que nos adecuásemos a su código de vestimenta. Sin embargo, la corrección y la provocación son dos cosas diferentes. Aunque en nuestras confrontaciones típicas suelen asociarse, denunciar la conducta de una persona no consiste necesariamente en usar palabras duras destinadas a generar una respuesta visceral en el oyente. Proverbios define el uso sabio de las palabras como la capacidad de ser amable en situaciones en las que esperaríamos el uso de un lenguaje desagradable. En Proverbios 15:1 encontramos un dicho famoso:

> La blanda respuesta quita la ira;
> Mas la palabra áspera hace subir el furor.

Los sabios, en contraposición a los necios que provocan conflictos con sus labios imprudentes, eluden la discordia innecesaria, unen a las personas y producen sanación con su forma de hablar, incluso en circunstancias indeseables (12:18). Admitiendo el poder de la lengua, quienes caminan en la sabiduría usan astutamente su fuerza para influir positivamente en otros que se encuentran dentro de su esfera de influencia (22:11; 25:15), y se abstienen de usar sus palabras para discutir.

En ningún momento se vengan usando "el fuego contra el fuego". Las personas sabias se esfuerzan por eliminar de su repertorio cualquier comentario potencialmente incendiario, sobre todo en situaciones muy cargadas, para conducir a la reconciliación si es posible. Proverbios 26:20 usa la metáfora de un incendio para plasmar esta idea sobre el discurso sabio:

> Sin leña se apaga el fuego,
> Y donde no hay chismoso, cesa la contienda.

El lenguaje es una radiografía

El discurso que sale típicamente de la boca de la gente revela el estado de sus corazones. A pesar de esto, es posible seguir la trayectoria correcta en la vida y aun así cometer un terrible desliz con la lengua. También es posible disfrazar, recurriendo al habla, el engaño que habita en lo más hondo del corazón (26:23-26; ver también 12:20). Sin embargo, la prueba del tiempo revela el carácter, y la revelación del carácter de una persona está justificadamente relacionada con el modo en que usa su lenguaje. Así, podemos detectar si alguien ha tomado el camino de la sabiduría o el del mal mediante la observación de cómo usa esa persona su lenguaje a largo plazo.

Vamos a hacer esto un poco más personal: podemos observar el estado *de nuestro propio corazón* en cualquier momento, simplemente escuchando las palabras que usamos para hablar de otros y de nuestras circunstancias actuales en el mundo de Dios.

El poder del habla en nuestras propias vidas queda resumido en los siguientes proverbios:

> Del fruto de su boca el hombre comerá el bien;
> Mas el alma de los prevaricadores hallará el mal. (Prov 13:2).

La muerte y la vida están en poder de la lengua,
Y el que la ama comerá de sus frutos. (Prov 18:21).

En estos proverbios, "fruto" se usa metafóricamente para hablar del producto y del efecto del uso que hacemos de nuestra capacidad de hablar. En términos generales, durante esta vida la gente tiene que enfrentarse a los resultados de su manera de usar el lenguaje. Los sabios comen frutos suculentos y atractivos, porque son bendecidos al comprobar cómo sus palabras de sabiduría han influido positivamente en quienes les rodean. Los necios comen fruta podrida, porque sus palabras han enfermado a quienes estaban cerca, como el sabor de unos alimentos en mal estado.

¿Qué aspecto tiene el fruto de nuestra boca o de nuestra lengua?

Por la gracia de Dios, estoy contento por haber tenido ocasión de comerme mi *shakshuka* aquel día en el mercado israelita, y no haber tenido que tragarme los frutos de mi lengua.

La ira: El espectáculo de unos necios

Mi familia visita frecuentemente el zoo de Louisville. Como tenemos dos hijos pequeños, tenemos experiencias de primera mano de lo difícil que puede ser, por diversos motivos, marcharse de lugares recreativos orientados a la infancia, como lo es el zoo. Sin embargo, el zoo de Louisville presenta una dificultad especial para huir de él, porque justo al ladito de la salida hay un carrusel impresionante, con montones de campanitas, silbatos y, por supuesto, unicornios auténticos: es todo un imán para los niños.

Hace cosa de un par de meses, estábamos en medio del proceso de intentar pasar junto al carrusel lo más deprisa posible, para eliminar la posibilidad de una catástrofe, cuando observé a una pareja contrariada que avanzaba hacia el camino principal desde aquella dirección. Pronto quedó claro que estaban teniendo una discusión verbal de las grandes. Desde donde yo estaba pude escucharlos, y oí que la mujer, furiosa, hacía un comentario ofensivo al hombre, mientras él empujaba un carrito de bebé hacia nuestra meta común: la salida. Mientras pasábamos rápidamente junto a la pareja, por el rabillo del ojo vi que el hombre giraba bruscamente el carrito hacia la mujer, en un intento vengativo de darle un golpe en una pierna.

Entonces sucedió lo impensable: escuché el llanto de un bebé procedente del cochecito.

Miré atrás para ver qué había pasado, y observé cómo la madre sacaba del carrito a un bebé que no tendría más de seis meses. Según parece, al bebé se le habían soltado las protecciones cuando su padre había lanzado el carrito hacia su madre, y había quedado en una posición extraña. Escuchamos el llanto de un bebé que, seguramente, se debía más al miedo que no a que se hubiese hecho daño. Quienes se suponía que debían proteger al bebé habían permitido que su ira los dominase hasta el punto de actuar irracionalmente en público y, lo que es más alarmante, perjudicar a su propio hijo.

A lo largo de Proverbios observamos una y otra vez que aquellos que recorren el camino de la sabiduría son personas humildes, lentas para enfadarse. Por el contrario, a los necios se los describe como incapaces de controlarse, como gente que da rienda suelta repetidamente a su ira (14:17; 29:11). Los necios llevan la ira en la frente (12:16), y parece que son incapaces de evitar pelearse con otros en todo momento (20:3). Movidos por su ira, los necios son irracionales hasta el punto en que no son lo bastante razonables como para mantener una conversación reflexiva, como señala Proverbios 29:9: "Si el hombre sabio contendiere con el necio, que se enoje o que se ría, no tendrá reposo". Las personas irrazonables, furiosas, son potencialmente peligrosas para sí mismas y para otros; vimos ese espectáculo durante nuestro paseo por el zoo.

El carácter "contraintuitivo" del Señor

Es factible asegurar que la mayoría de lectores desaprobaría, con razón, los actos de los adultos beligerantes que observé durante nuestro paseo familiar por delante del tiovivo. En los proverbios, y en otras secciones de la Escritura, leemos repetidas veces que el Señor *aborrece* el maltrato de los vulnerables. A pesar de ello, no es saludable para nosotros que permitamos que la ira permanezca en nuestros corazones y se convierta en un enojo farisaico.

A modo de experimento intelectual, vamos a modificar ligeramente la escena formulando las siguientes preguntas: ¿justificaría yo ese tipo de ira si fuese uno de los participantes? ¿Y si la persona que me faltase al respeto no fuera mi cónyuge? ¿Y si no hubiera un bebé en el cochecito? ¿Sería entonces aceptable que agrediera a quien me hubiese ofendido? ¿Justifican las circunstancias que manifieste mi ira de tal manera que alguien pudiera salir, potencialmente, herido?

Cuando nos ofenden, estas preguntas no son tan retóricas. Dado el cambio de las circunstancias, en nuestras mentes las respuestas a este tipo de preguntas podrían ser abiertas, y podríamos buscar justificaciones para expresar nuestro desagrado mediante la ira. El mensaje de Proverbios respecto a este tipo de ira es absolutamente claro, aunque la situación cambia un poco: airarse rápidamente es una señal de necedad, es perjudicial para las relaciones con otros y fomenta que sigamos avanzando por el camino del mal, que culmina cuando hacemos daño a otros o a nosotros mismos. Por el contrario, quienes siguen el camino de la sabiduría son humildes, lentos para enfurecerse y rápidos para olvidar las ofensas recibidas en el pasado.

Hemos de admitir que olvidar las ofensas recibidas en el pasado parece ser contrario a toda intuición cuando nos enfrentamos a nuestra propia ira. Nuestro instinto humano nos lleva a tomarnos la licencia de defendernos aplicando por la fuerza nuestro "derecho" a reaccionar con rabia cuando nos faltan al respeto. Entonces, ¿cómo es que Proverbios ofrece un consejo tan poco intuitivo respecto al tema de la ira? Hay una razón excelente para que se exhorte a los lectores a ser lentos para la ira y a sopesar sus emociones antes de reaccionar. La persona que es lenta para airarse refleja el carácter del Señor, a quien las Escrituras describen en todo momento como "lento para la ira": "¡Jehová! ¡Jehová! fuerte, misericordioso y piadoso; tardo para la ira, y grande en misericordia y verdad" (Éx 34:6; ver también Nm 14:18; Sal 86:15; Jl 2:13).

Leer estos versículos dentro de sus contextos bíblicos nos proporciona una idea de las ofensas que padeció el Señor cuando el pueblo de su pacto ignoró a Dios una y otra vez. La repetición del hecho de que el Señor es lento para la ira implica, inconfundiblemente, que quienes desean asemejarse a la imagen de su Dios (por ejemplo, quienes siguen el camino de la sabiduría en Proverbios) deben ser también lentos para enfurecerse. La repetición de que el Señor es "grande en misericordia", que dispensa un favor inmerecido a pesar de las ofensas recibidas, sugiere que también nosotros debemos apresurarnos a pasar por alto las ofensas de quienes actúan contra nosotros, a pesar de lo que nos diga nuestro instinto visceral. Proverbios 19:11 señala que "la cordura del hombre detiene su furor, y su honra es pasar por alto la ofensa". Esto coincide con la sabiduría del Nuevo Testamento que se expresa en Santiago 1:19-20: "Por esto, mis amados hermanos, todo hombre sea pronto para oír, tardo para hablar, tardo para airarse; porque la ira del hombre no obra la justicia de Dios". De igual manera, en diversas ocasiones dentro del mismo versículo, Proverbios habla directamente contra la reacción instintiva de la furia, al contrastar este instinto con el mandamiento de ser lentos para la ira, como leemos en 14:29, que afirma que "el que tarda en airarse es grande de entendimiento; mas el que es impaciente de espíritu enaltece la necedad" (ver 15:18).

Es importante subrayar que el escritor de Proverbios no deja entrever que debemos contener *siempre todo* tipo de ira. Como dijimos antes y veremos más adelante, sí que existen ciertas ofensas que enfurecen al Señor (ver 6:16-19). El autor de Proverbios parece estar hablando contra la tendencia humana a ofenderse, enfadarse y, en consecuencia, volverse divisivos e hirientes en relación con temas que nos tientan a ser egoístas (29:22). Airarse rápidamente por estos motivos no honra al Señor, a quien se define como alguien que anhela constantemente la restauración con los humanos que le han ofendido profundamente a él y a otros.

Nadie quiere estar furioso todo el día. Aferrarse al resentimiento en el corazón agota a cualquiera. Enfadarse por "pequeñeces" es una tontería, además de una pérdida de tiempo y de energías. Este tipo de ira no se corresponde con las sendas de la sabiduría, de modo que es imperativo que la apartemos de nuestro camino.

Pero entonces, ¿cómo hacer esto *en la práctica*?

Proverbios sugiere algunas medidas prácticas sobre cómo rechazar la ira y aceptar la humildad.

Los humildes frente a los orgullosos

Proverbios nos enseña que evitemos rodearnos de compañías cuyo carácter no deseemos imitar (ver 1:10-19; 4:14-19). Hablando más concretamente de la ira, Proverbios aconseja que es insensato trabar amistad con personas que se enfurecen con facilidad, porque este tipo de compañía se siente inclinada a buscar siempre problemas. Naturalmente, los buenos amigos intentan rescatar a sus compañeros de malas situaciones, pero es conveniente esquivar a la gente que se enfurece fácilmente, porque acaban metiéndose una y otra vez en problemas innecesarios. Ese "amigo" entregado a la ira se describe en Proverbios

19:19: "El de grande ira llevará la pena; y si usa de violencias, añadirá nuevos males". El problema de la ira es algo más que destructivo para el individuo: es contagioso. Proverbios nos advierte que no aprendamos conductas destructivas (que también dan como resultado problemas evitables) de las personas dadas a la ira, y lo hace ordenándonos concretamente:

> No te entremetas con el iracundo,
> Ni te acompañes con el hombre de enojos,
>
> No sea que aprendas sus maneras,
> Y tomes lazo para tu alma. (Prov 22:24-25).

Proverbios pide a los que tienden tendencia a airarse a que aprendan autocontrol. Esto no es un simple llamado impreciso a comportarse mejor, sino más bien una imagen en la que el sabio aparta a un lado el sentimiento de la ira justo cuando aparece, en lugar de permitirle que genere consecuencias lamentables (29:8). En Proverbios, quienes controlan sus emociones pueden razonar en situaciones difíciles e, irónicamente, manifiestan una fuerza superior a quienes ocupan posiciones de autoridad y recurren a la fuerza bruta (16:32).

En definitiva, si somos totalmente honestos con nosotros mismos, vemos que buena parte de la ira que sentimos nace de la sensación personal de que tenemos derecho a algo, que nos hace pensar que merecemos que nos traten como a reyes. Cuando no recibimos el tipo de trato que creemos merecer, a veces actuamos movidos por una ira destructiva que no refleja el carácter del Señor. Esto es precisamente lo que presencié durante aquel encontronazo familiar en el zoo, en el que por lo visto el marido sintió que le faltaban al respeto, actuó contra su esposa e hizo llorar a su hijo.

Proverbios nos ofrece un antídoto práctico para que no actuemos con rabia cuando nos ofenden: la humildad.

En Proverbios, la humildad es de todo menos abstracta. El libro nos ofrece muchos consejos prácticos sobre cómo ser una persona humilde. Contrariamente a lo que solemos pensar, la humildad no es un rasgo de las personas débiles que se arrastran por la vida como fantasmas. La humildad en Proverbios nace de la madurez en la sabiduría, que impide a los sabios pensar demasiado bien de sí mismos. Las personas humildes se abstienen de exaltarse hasta posiciones inmerecidas, buscando así su propia gloria. Proverbios 25:6-7 nos presenta una ilustración práctica de cómo se manifiesta la humildad en la vida:

No te alabes delante del rey,
Ni estés en el lugar de los grandes;

Porque mejor es que se te diga: Sube acá,
Y no que seas humillado delante del príncipe
A quien han mirado tus ojos.

Los sabios admiten el problema inherente de la auto exaltación: al final crea expectativas sobre cómo deseas que te traten los demás, que no siempre se corresponden con el modo en que te tratan *en realidad*.

En términos prácticos para nuestros tiempos, quienes desean alzarse a posiciones de honor tienen una elevada probabilidad de ser humillados delante de otros. En ocasiones podemos exaltarnos a un "estatus real" dentro de los contextos de nuestro hogar, entre nuestros compañeros de trabajo e incluso con nuestros amigos, lo cual nos hace tener esperanzas irreales de ser favorecidos conforme a nuestro estatus imaginado. Tanto si deseamos codearnos con reyes como si nos consideramos "nobles", el mensaje de Proverbios es que la autoexaltación es una insensatez, y acaba llevando al desencanto y a la desgracia (11:2). Quienes persisten en el autobombo corren el riesgo de padecer la "caída": las consecuencias eventuales de querer estar en lo más alto. Tal como enseña Proverbios 16:18-19,

Antes del quebrantamiento es la soberbia,
Y antes de la caída la altivez de espíritu.

Mejor es humillar el espíritu con los humildes
Que repartir despojos con los soberbios.

Aun así, Proverbios enseguida nos presenta la humildad como el rasgo que no solo previene la caída, sino que proporciona el verdadero reconocimiento: "Antes del quebrantamiento se eleva el corazón del hombre, y antes de la honra es el abatimiento" (Prov 18:12; ver también 29:23).

Al final, aquellos que reciben honor, de hecho, lo hacen debido a su humildad (ver Lc 14:7-11). Admitir que la humildad viene antes que el honor es un rasgo distintivo de quienes temen al Señor (Prov 15:33; ver también 22:4). El temor del Señor, esa actitud constante de obediencia que nace del amor a Dios, facilita un concepto realista de quiénes somos y evita las falsas expectativas sobre cómo deberían tratarnos otros.

En este sentido, la humildad evita la ira.

En nuestro esfuerzo por ser personas humildes, tengamos consideración por otros y resistámonos a imponerles expectativas relacionadas con cómo suponemos que nos deben tratar. Se nos exhorta a dar todos los pasos prácticos que podamos para distanciarnos de la actitud de admirarnos demasiado y, en consecuencia, caer en la alabanza de nosotros mismos. Seamos personas sabias y humildes que atraigan el tipo idóneo de alabanza, que irónicamente se desprende de nuestra humildad (12:8). Tanto si recibimos alabanzas como si no, o incluso el respeto que creemos merecer de otros, prefiramos mantenernos en silencio, con "la mano en los labios", en humildad, en lugar de exaltarnos con orgullo (30:32).

La familia dinámica (y la dinámica de familia)

De vez en cuando experimento un intenso dolor en la espalda que me deja incapacitado durante varios días seguidos. Esta incomodidad implacable comenzó cuando era adolescente, y ha ido empeorando con el tiempo, y a medida que he envejecido me asalta al menos un par de veces al año. Al principio, como es lógico pensé que debía tener algún problema de salud. Por lo tanto, acudí a muchos especialistas, desde gurús de la salud hasta médicos amantes de recetar fármacos, que me recomendaron de todo, desde remedios homeopáticos hasta inyecciones de analgésicos, sin que nada aliviara mi sufrimiento episódico. El dolor que experimenté de adolescente y que sigo padeciendo de adulto no es ni natural ni ordinario, motivo por el cual debo asumir que sigue habiendo algún problema oculto y persistente.

Admito plenamente que no soy el tipo de doctor idóneo para diagnosticar con precisión mi propio problema de espalda. Aun después de admitir que mi evaluación del problema se basa en la ignorancia científica, quiero adelantar mi opinión no tan profesional: creo que mi dolor de espalda, además de cualquier problema anatómico o fisiológico que pueda tener *de verdad*, es el resultado del "gen de la espalda enferma".

Esto no lo puedo demostrar empíricamente, y ni siquiera puedo decir con seguridad que exista el "gen de la espalda enferma". A pesar de esto, durante toda mi vida he observado cómo dentro de mi familia los dolores dorsales han ido pasando de una persona a otra. Todos diferimos en nuestras dietas, edad, condición física, profesión y otras áreas importantes de la vida. Sin embargo, todos compartimos tres cosas: 1) estamos emparentados, 2) todos padecemos de dolores crónicos de espalda, y 3) ni nosotros ni los profesionales a los que hemos acudido podemos dilucidar cuál es el problema. Así, me siento obligado a creer en la existencia de un "gen de la espalda enferma" singular que siempre ha incordiado a mi familia.

Bromas aparte, los miembros de mi familia también evidencian asociaciones importantes en otras áreas de la vida. No solo compartimos los dolores de espalda, sino también muchos de los mismos valores y de las mismas virtudes. Como ejemplo, diré que las tres últimas generaciones de mi familia por parte de mi madre han adoptado varios hijos por familia, que muchos miembros de la familia han trabajado en el campo de la asistencia geriátrica y que otros han trabajado durante décadas en la docencia. ¿Por qué los miembros de mi familia comparten valores parecidos que les inspiran a invertir en los jóvenes y en los vulnerables mediante la adopción, la docencia o la asistencia a personas que alcanzan el final de sus vidas terrenales? ¿Tenemos latente el mismo tipo de genes "adoptivos", "asistenciales geriátricos" o "docentes" que, indetectables, encauzan nuestros corazones y, en consecuencia, nuestros actos?

Proverbios no menciona en absoluto la transmisión de genes reales o "imaginarios" entre los miembros de una familia, pero el libro tiene mucho que decir sobre la instrucción que facilita que las virtudes se transmitan de una generación a la siguiente. Por medio de la ilustración de mi familia, se nos recuerda el hecho de que, por lo general, adquirimos características personales intangibles y valores de aquellos que nos son más cercanos; en la mayoría de los casos esas personas son los miembros de nuestra familia.

Este tema ya lo abordamos en el capítulo anterior, cuando hablábamos de Proverbios 1–9, observando que el autor de Proverbios enfatiza la influencia desmesurada que tiene la unidad familiar en la formación del carácter, mediante la transmisión de sabiduría y de conocimiento. La tremenda influencia de quienes tenemos más cerca queda ilustrada aún más en los proverbios que hablan de la sabiduría tradicional transmitida a través de diversas generaciones. Proverbios 4:3-4 nos dice que como el hablante ha recibido sabiduría de su padre, exhorta a

su hijo a obedecer los mismos mandamientos que le guiaron
por la senda hacia la sabiduría:

Porque yo también fui hijo de mi padre,
Delicado y único delante de mi madre.

Y él me enseñaba, y me decía:
Retenga tu corazón mis razones,
Guarda mis mandamientos, y vivirás.

Esta transmisión multigeneracional de la sabiduría y de la
instrucción es una función primaria de la unidad familiar, según Proverbios. El autor quiere decir que los padres, que en
otro tiempo fueron niños y aprendieron la sabiduría de quienes
les eran más cercanos, son responsables de instruir a sus hijos
en la misma sabiduría. Esto, como es natural, confiere a los
hijos e hijas la responsabilidad de responder a sus padres con
obediencia, y de enseñar a sus hijos sabiduría. Lo ideal es que
este proceso continuase *ad infinitum*, dado que el motivo más
poderoso para caminar en la senda hacia la sabiduría es tener
el modelo de unos padres sabios que la manifiestan y la impar-
ten. En Proverbios la dinámica familiar correcta es la de unos
padres que facilitan el trasvase de sabiduría a la generación siguiente, y de unos hijos que la reciben de sus seres queridos de
tal modo que sus vidas reflejan lo que es caminar por el sendero
de la sabiduría.

Como podríamos esperar, estos pasajes orientados a la familia tienen una aplicación más amplia fuera del ámbito de las
relaciones familiares descritas. Como técnica literaria, Proverbios utiliza imágenes conocidas para transmitir principios importantes de maneras que los lectores puedan comprender. La
transmisión de la sabiduría de aquellos que han seguido el camino de esta (es decir, el padre/la madre) a quienes acaban de
comenzarlo o pueden estar desviándose de él (es decir, el hijo
o hija) tiene una importancia fundamental en Proverbios. Si se

entienden de una manera más amplia, las imágenes relacionadas con la dinámica familiar (es decir, un padre o una madre que hablan a sus hijos) tienen el propósito de crear un modelo de cómo deberían transmitirse la sabiduría y el conocimiento en general, es decir, que quienes caminan en sabiduría están abiertos a la instrucción en conocimiento e imiten a quienes tienen más experiencias recorriendo esa senda.

La aplicación más amplia de las imágenes de la familia es importante debido a la diversidad de personas que están recorriendo sus caminos personales hacia la sabiduría. Ciertamente que en esa ruta hay padres, pero también hay personas que no tienen hijos y es posible que jamás los tengan. Ciertamente, hay niños en ese camino, pero también hay personas cuyos progenitores nunca les impartieron sabiduría, o que ni siquiera tuvieron una figura parental en sus vidas. Los pasajes y las imágenes de la familia son aplicables a todos. Quienes tenemos más cerca (por ejemplo, padres, amigos íntimos, pastores) tienen una enorme influencia sobre nosotros y nos guían haca el camino de la sabiduría, siempre que sean temerosos del Señor y nosotros nos mostremos receptivos a la enseñanza. Deberíamos tener en mente esta aplicación más amplia cuando analicemos los pasajes referidos a la dinámica familiar, más adelante. Por medio de estas imágenes, se exhorta al lector contemporáneo a leer como un niño juicioso, siendo receptivo a la sabiduría tradicional e interesándose por la dinámica familiar, pero decidido también a imitar en la práctica a sus padres al ser transmisor de sabiduría.

Los hijos en la dinámica familiar

A pesar de que a los hijos se les menciona repetidas veces en Proverbios, su voz (aparte de la del autor) brilla por su ausencia. En lugar de eso, el lector puede percibir cómo los hijos deben cuidar de la dinámica familiar al observar los llamamientos de los padres descritos en Proverbios. Como lectores somos sensibles a la instrucción paternal, como si los progenitores de Proverbios nos hablasen directamente a nosotros. Por consiguiente, nos sentimos motivados a emular al hijo o hija obediente mientras recorremos nuestro camino único hacia la sabiduría.

Desde el punto de vista de los padres, no hay alegría mayor que la de tener hijos sabios, receptivos, que hacen caso de la instrucción que reciben. Se nos ofrece una visión de este punto de vista paternal en Proverbios 23:15-16 (ver 23:24-25; 27:11), donde leemos:

> Hijo mío, si tu corazón fuere sabio,
> También a mí se me alegrará el corazón;
>
> Mis entrañas también se alegrarán
> Cuando tus labios hablaren cosas rectas.

Estas características se fundamentan, en última instancia, en el temor del Señor (23:17), lo que sugiere que los hijos honran a sus padres cuando viven la vida con la disposición constante de decir que sí a Dios. Honrar a los padres se parece al patrón típico relacionado con la adquisición de la sabiduría evidente en todo Proverbios. Es decir, que quienes temen al Señor tienen buen cuidado de escuchar la instrucción de los sabios. En este caso, hacer caso de la instrucción de los padres o de otros consejeros (11:14; 15:22; 24:6) es una manera en la que los hijos reciben las instrucciones necesarias para caminar por su ruta, evitar descarriarse y, al mismo tiempo, honrar a esos mismos padres y mentores. Esto es lo que se plasma en la advertencia paternal al hijo que encontramos en Proverbios 19:27: "Cesa, hijo mío, de oír las enseñanzas que te hacen divagar de las razones de sabiduría".

Proverbios expone que honrar a los padres al escuchar su enseñanza no es tanto una opción sino una responsabilidad del hijo prudente. Después de que se definan los dos caminos en Proverbios 1–9, parece que el escritor espera que quienes teman al Señor y se acercan a Proverbios con una disposición humilde (ansiosos por aprender de la instrucción que contiene) seguirán leyendo el resto de la obra. Como resultado, el resto del libro suele contraponer a los sabios y a los necios en el mismo versículo, evidenciando de esta manera cómo se supone que el lector receptivo debe responder en sabiduría tras leer el proverbio. A veces, mediante esta técnica literaria, podemos observar la responsabilidad de los hijos en relación con sus padres. Varios de los proverbios vinculados con las relaciones familiares comparan y contrastan a los hijos que respetan la dinámica familiar con aquellos que causan sufrimiento a sus familias. Por ejemplo, el primer "proverbio de Salomón" en 10:1 afirma: "El hijo sabio alegra al padre, pero el hijo necio es tristeza de su madre" (ver 15:20; 17:25).

El "hijo" tiene la responsabilidad de alegrar a su padre y de evitar avergonzar a su madre. En virtud de que estos proverbios hacen una mención directa del "hijo", y de que se exhorta al lector a aceptar el papel de hijo en nuestra lectura, se nos plantean las siguientes preguntas hipotéticas: ¿Serás sabio, temerás al Señor, escucharás la instrucción de tus seres queridos, y traerás honra a tu familia; o serás un necio, elegirás tu propia sabiduría en vez de la del Señor, ignorarás la instrucción de tus padres y traerás la vergüenza y el caos a tu familia (ver 19:26; 30:11)? En el libro de Proverbios esta segunda opción, aunque es imaginable, se presenta como totalmente ridícula. Tal como declara Proverbios 15:5: "El necio menosprecia el consejo de su padre; mas el que guarda la corrección vendrá a ser prudente". Quienes avanzan por el camino que lleva a la sabiduría aceptan la misión de alegrar a sus padres, porque el temor del Señor les induce a tomar decisiones que honren a sus familias.

La comunión de los miembros de la familia tiene una enorme importancia en Proverbios, porque somos como niños maleables y, por lo general, tendemos a adoptar los rasgos personales y las idiosincrasias de quienes nos son más cercanos. La voz paternal que escuchamos en Proverbios admite este hecho, y se esfuerza en todo momento por convencer al "hijo" (o sea, al lector) de que camine junto a sus padres por la senda de la sabiduría (Proverbios 1–9). En el capítulo 10, se espera que el hijo demuestre en la práctica su comprensión de la importancia que tiene viajar por la vida con otros cuya conducta honre al Señor. Por el contrario, el compañerismo con personas inmorales fuera de la familia, que tienen una influencia más profunda que los miembros de ella, son como unos hijos que ignoran la instrucción sabia de sus padres y por consiguiente manifiestan falta de interés por el orden dentro de la familia: "El que guarda la ley es hijo prudente; mas el que es compañero de glotones avergüenza a su padre" (28:7; ver también "el que frecuenta rameras" en 29:3 y el "compañero del hombre destruidor" en 28:24).

La responsabilidad que tienen los hijos de honrar a sus padres, que se esfuerzan por acompañarlos mientras recorren sus caminos personales, se vuelve más evidente cuando meditamos en las duras palabras de retribución contra aquellos que no respetan a sus padres (20:20 [ver Éxodo 21:17]; 30:17). Sea como fuere, muchos de los proverbios relacionados con los hijos en realidad no van dirigidos a ellos; más bien se destinan a los padres de esos hijos. Proverbios hace responsables a los padres del modo en que guíen a sus hijos en el camino de la sabiduría. De hecho, acompañar a nuestros hijos en ese camino es un arte que cabe aprender, practicar y expresar con discernimiento.

El desarrollo de la disciplina de disciplinar

Dado que un tema crucial en Proverbios es el modo en que la relación paternofilial se vincula con caminar por la senda de la sabiduría, no es de extrañar que el libro hable frecuentemente de la disciplina. Se urge a los hijos a escuchar la instrucción de sus padres y a obedecerla, mientras al mismo tiempo se exhorta a los padres a asumir la responsabilidad de cultivar un sistema correctivo para sus hijos. Es decir, Proverbios insiste en que los padres desarrollen la disciplina de disciplinar a sus hijos.

La palabra *disciplina* emite malas vibraciones, y leer Proverbios como un conjunto de mandamientos solo hace que reforzar este concepto negativo de la palabra. Hay varios proverbios muy conocidos que mencionan "la vara" de la corrección en relación con los hijos, y la lectura del tipo "los proverbios son mandamientos aplicables universalmente" podría dar la impresión de que la palabra *disciplina* sugiere exclusivamente a los padres que golpeen necesariamente a sus hijos con una vara correctiva. Este tipo de lectura propaga aún más la idea de que la instrucción de Proverbios está obsoleta para los lectores modernos y, por lo tanto, es irrelevante:

No rehúses corregir al muchacho;
Porque si lo castigas con vara, no morirá.

Lo castigarás con vara,
Y librarás su alma del Seol. (Prov 23:13-14; ver 13:24; 22:15).

Es cierto que resulta difícil discernir qué nos dicen exactamente estos versículos de "la vara" sobre actos disciplinarios específicos. A pesar de ello, está claro que la instrucción de estos versículos es relevante para nuestra época si los leemos desde el punto de vista "los proverbios como transmisores de principios". Parece que la vara de la disciplina va destinada a manifestar amor paternal a los hijos al apartarles de la necedad, y en definitiva para salvarles de consecuencias incluso más graves que las repercusiones inmediatas de su indiscreción. El hecho de que estos versículos estén dirigidos al padre y no al hijo nos ayuda a comprender que quienes deben aplicarlos principalmente son los progenitores cuando se relacionen con sus hijos.

Parece que, por medio de las expresiones relativas a la vara, Proverbios insta a los padres a comprender la necesidad de establecer un sistema de corrección para sus hijos que sea más holístico y abarcador que el mero uso de una vara física para disciplinarles. La distinción entre comprender la vara como sugerencia de un tipo concreto de acción disciplinaria y entenderla como una exhortación a los padres para que sean disciplinados para disciplinar es especialmente destacable cuando pensamos que Proverbios nunca nos ofrece una pauta sobre qué ofensas merecen determinados tipos de disciplina. Sin esta especificidad, parece que la exhortación reiterada a los padres para que usen la vara tiene la simple meta de enseñarles su responsabilidad en la corrección general de sus hijos de maneras que les induzcan a caminar hacia la sabiduría.

De la misma manera que obedecer a los padres no es una opción para los hijos, instituir un plan de corrección para sus hijos no es algo que los padres puedan ignorar. Los proverbios clarifican el hecho de que unos hijos a los que se abandona a su suerte no solo acarrearán un desastre sobre sí mismos, sino que inevitablemente avergonzarán a su familia (por ejemplo, a la "madre" en 29:15). Proverbios indica que la única esperanza para unos hijos es que sus padres creen un sistema disciplinario en el que a los hijos se les muestre un amor paternal/ maternal cuando les apartan de las terribles consecuencias de toda mala conducta futura. Proverbios una retórica dura para indicar que quienes no disciplinan a sus hijos provocan la caída de sus seres queridos (19:18).

A primera vista, desarrollar la disciplina de disciplinar parece una misión que no tiene nada de agradable. Sin embargo, si entendemos este llamado dentro del contexto del libro de Proverbios como un todo, podremos comprender las razones por las que es tan importante que aprendamos a disciplinar a nuestros hijos. Al guiarles al camino que conduce a que medren en esta vida, reflejamos el carácter del Señor. Por ejemplo, en Proverbios 3:11-12 leemos:

No menosprecies, hijo mío, el castigo de Jehová,
Ni te fatigues de su corrección;

Porque Jehová al que ama castiga,
Como el padre al hijo a quien quiere.

Los padres que disciplinan a sus hijos imitan al Señor, quien también reprende. Esta es una gran responsabilidad por la sencilla razón de que un elemento inherente al arte de criar a nuestros hijos es darles ejemplo de cómo el Señor nos disciplina con amor. Además, cuando corregimos a nuestros hijos, se nos recuerda que también nosotros somos hijos que, de vez en cuando, necesitan la "vara de disciplina" en nuestras vidas, cuando nuestros padres, mentores, pastores y amigos nos amonestan con intención de librarnos de las consecuencias negativas que tiene desviarnos de nuestra senda hacia la sabiduría.

Antes de seguir es necesario hacer una advertencia: no cabe duda de que nunca hay garantías de que los hijos caminarán por los caminos del Señor, aunque los padres introduzcan un sistema de disciplina coherente. El sistema de corrección va destinado a disciplinar tanto a los padres como a los hijos. Esforzarse por ser un padre o madre que disciplina no pretende obtener el "producto garantizado" de unos hijos bien educados; de hecho, los proverbios hablan muy poco de la conducta concreta *real* de los hijos que se comportan bien. La corrección coherente de nuestros hijos consiste mucho más en demostrarles lo que es que *nosotros, como padres*, caminemos de manera disciplinada cumpliendo una misión que podría ser difícil y desagradable, y en ocasiones da la sensación de ser improductiva. No siempre sabemos cómo afectará nuestro ejemplo a nuestros hijos, pero Proverbios afirma taxativamente que es una gran bendición para los hijos de la justicia observar que sus padres actúan de maneras que indican que están en el camino a la sabiduría (20:7).

Ganarse la vida honradamente

Cuando yo tenía dieciséis años, recibí una llamada telefónica de una amiga que había tenido durante la ESO. Me contó que un amigo en común, al que yo conocía de toda la vida, había recibido un disparo. Poco después de la llamada telefónica me informaron de que no había ninguna duda de que la agresión estaba relacionada con las drogas. Mi amigo sobrevivió, y tan solo un par de días más tarde ya estaba despierto y hablando conmigo desde su cama del hospital. Sin embargo, aquel incidente se me quedó grabado, y me ayuda a reflexionar sobre los proverbios que ordenan que nos ganemos la vida honradamente.

Aunque es cierto que Proverbios no menciona el tráfico de drogas y las consecuencias potenciales que podrían resultar de este tipo de actividad, es absolutamente seguro que vender drogas es una expresión moderna de la descripción que se hace de la locura en ese libro. Frecuentemente, la venta de drogas ilegales está incitada por la apatía hacia el trabajo legítimo y el deseo de enriquecerse rápido. Aparte de esto, el tráfico de drogas es una forma radical de obtener beneficios económicos deshonestos, derivados de oprimir a quienes son vulnerables y necesitan ayuda. Los proverbios tienen mucho que decir sobre estos temas.

La apatía frente al trabajo legítimo

En Proverbios, la disciplina personal se manifiesta por medio del trabajo duro en un empleo legal. Además, es frecuente que el trabajo arduo tienda a arrojar grandes beneficios en el ámbito económico (10:4; 28:19). A pesar de ello, es importante leer los proverbios relacionados con los beneficios del trabajo duro como principios generales, no como axiomas constantes ni como promesas. Tanto si uno recibe una remuneración abundante a cambio de su trabajo como si no, siempre hay una recompensa para los buenos trabajadores por lo que respecta al desarrollo de su carácter. Dado que se entregan coherentemente al trabajo duro y se esfuerzan por ganarse la vida honradamente, los sabios son conscientes de la vanidad de las riquezas y desprecian la ganancia deshonesta.

En Proverbios, a quienes tienen capacidad para trabajar, pero deciden no hacerlo por el motivo que sea, se les define como perezosos, haraganes y dormilones (19:15; 20:13). Es habitual que esas personas desperdicien sus recursos, y normalmente avergüenzan a su familia y se empobrecen. Es frecuente que los proverbios definan su falta de propensión al trabajo con las imágenes evidentes de personas irresponsables que no cosechan sus campos: "El que recoge en el verano es hombre entendido; el que duerme en el tiempo de la siega es hijo que avergüenza" (10:5; ver también 6:6-11; 20:4; 24:30-34).

Según los proverbios, trabajar con diligencia para satisfacer nuestras necesidades tiene un gran valor (por ejemplo, para obtener alimentos, en 12:27). Trabajar intensamente y ver el fruto de ese trabajo estimula a la persona para que considere provechoso su esfuerzo, independientemente del grado de riqueza que tenga. El hecho de pasar por la dureza del trabajo intenso recuerda a la gente el coste que supone obtener las cosas que tienen. Por este motivo, Proverbios sugiere que podría ser peligroso obtener riquezas excesivas sin tener que trabajar por ellas (20:21). Cualquier otra circunstancia en las que uno pueda "enriquecerse rápido" son igual de amenazantes como lo es obtener riquezas de forma inesperada, como puede ser recibiendo una herencia: "Las riquezas de vanidad disminuirán; pero el que recoge con mano laboriosa las aumenta" (13:11).

Una de las causas que Proverbios señala para la pérdida de una riqueza abundante es el gasto indiscriminado del dinero en objetos de lujo que deberían disfrutarse con moderación (21:17, 20). Así, Proverbios advierte contra el objetivo de conseguir muchas riquezas en poco tiempo. El método preferido para obtener la prosperidad es el trabajo duro, porque el tiempo invertido en generar riqueza legítima también crea aprecio por los recursos obtenidos. Quienes trabajan y soportan el cansancio para obtener sus posesiones (sean pocas o muchas) tienen menos tendencia a despilfarrar el dinero.

Proverbios vincula otras indiscreciones a la actitud apática hacia el trabajo. Por ejemplo, retrata a quienes comen y beben en exceso como personas dominadas por la somnolencia, y responsables de su propia pobreza (23:20-21). La inclinación hacia la pereza por parte de quienes tienen malos hábitos (por ejemplo, sucumbir al deseo insoportable de comida y de alcohol) sugiere que la apatía por el trabajo no se desarrolla por su cuenta. La pereza es un problema profundo del carácter, que suele ir acompañado de otras cuestiones importantes que afectan a diversas áreas de la vida y que, potencialmente, conducen a otros vicios o son resultado de ellos. Proverbios caracteriza a quienes son apáticos para trabajar como inclinados al desenfreno, porque tienen un espíritu insaciable: "El alma del perezoso desea, y nada alcanza; mas el alma de los diligentes será prosperada" (13:4).

Irónicamente, no trabajar incrementa el deseo de tener más, algo que el perezoso se niega a obtener mediante el trabajo (21:25-26a). Proverbios llama la atención sobre lo absurdo que es esforzarse por seguir el camino de menor resistencia, que es no trabajar, mientras al mismo tiempo el individuo se embarca en un viaje mucho más difícil motivado por sus deseos incontrolables. A consecuencia del espíritu ambicioso del haragán, este nunca logra conseguir lo que anhela tener en la vida, y por consiguiente el camino que ha elegido recorrer es extremadamente difícil. "El camino del perezoso es como seto de espinos; mas la vereda de los rectos, como una calzada" (15:19). Al definir el camino del perezoso como "un seto de espinos", Proverbios declara que "el camino de menor resistencia" es arduo y doloroso. Cuando el gandul busca atajos e intenta conseguir riquezas sin trabajar, acaba irónicamente recorriendo un camino repleto de dificultades, y nunca satisface sus ambiciones.

La naturaleza embaucadora de los perezosos se fundamenta en que hacen lo que les parece bien, y que acaba beneficiándoles (12:15; ver 26:16). Este orgullo excesivo y esta falta de empatía por los demás contradicen el espíritu que se menciona tan a menudo en Proverbios, la disposición de dejarse enseñar. Trabajar duro para ganarse la vida manifiesta la misma disposición humilde que es evidente en aquellos que poseen un espíritu educable.

Quienes son reacios a realizar un trabajo legítimo no están satisfechos con la falta de recursos que es consecuencia de su ociosidad. Dado que no logran satisfacer sus ambiciones ilimitadas, acaban intentando cumplir sus deseos ilegítimamente. Proverbios define a quienes desean obtener cosas que no tienen como gente que para obtenerlas frecuentemente recurre a la vía ilegal.

Las ganancias deshonestas y la falta de decoro económico

Aunque Proverbios habla frecuentemente de lo buena que es la prosperidad económica, el libro es muy claro cuando afirma que es más virtuoso (y beneficioso para la persona) disponer de recursos escasos y vivir de manera recta que no poseer una abundante riqueza fruto de la injusticia. Proverbios 16:8 enseña este principio al afirmar directamente: "Mejor es lo poco con justicia que la muchedumbre de frutos sin derecho". Puede que las riquezas sean cuantiosas en esta vida, pero también tienden a ser efímeras y pasajeras. Proverbios 23:4-5 (ver también 27:24) señala vívidamente esta idea:

No te afanes por hacerte rico;
Sé prudente, y desiste.

¿Has de poner tus ojos en las riquezas, siendo ningunas?
Porque se harán alas
Como alas de águila, y volarán al cielo.

Por consiguiente, en Proverbios la búsqueda de tesoros terrenales a costa de perjudicar a otros es algo totalmente absurdo. Dada la cantidad de proverbios que advierten contra este tipo de conducta necia, es evidente que las personas aún tienen la tendencia de perjudicar a otros con miras a obtener un beneficio económico personal.

El primer ejemplo de mala práctica que se menciona en Proverbios tiene que ver con la adquisición ilegítima de bienes por medio del uso de la violencia contra un ser humano (1:13, 17-19). La colocación de este ejemplo al principio del libro demuestra a los lectores la manera primaria en que el autor describe a quienes transitan por el camino equivocado. Según dice Proverbios (10:16), la confiscación de los bienes de otras personas (ya sea por la fuerza, como se dice en Proverbios 1, o mediante una lengua mentirosa, 21:6) es fundamentalmente un acto inmoral.

Hay una consecuencia irónica para quienes intentan obtener riquezas ilegalmente: Proverbios retrata un mundo en el que quienes obtienen riquezas deshonestas tienen una gran probabilidad de perderlas o la incapacidad de disfrutarlas durante mucho tiempo. Esta idea se transmite mediante las imágenes metafóricas que se refieren a las posesiones mal obtenidas como el "pan", en Proverbios 20:17: "Sabroso es al hombre el pan de mentira; pero después su boca será llena de cascajo" (ver también 23:8; 28:8). Quienes obtienen ganancias por la vía deshonesta no logran disfrutar de su "pan", tal como se plasma mediante la ilustración de convertirlo en grava incomible antes de tragarlo. La verdadera razón de que se produzca esta metamorfosis "pan-cascajo" no figura en estos versículos. Quizá lo que se dice en ellos sea que quienes saquean los bienes de otros son reacios a trabajar y, por consiguiente, es más probable que despilfarren su prosperidad deshonesta en los vicios de este mundo.

Todo intento de obtener riqueza debe hacerse con la máxima virtud, procurando honrar al Señor y asegurarse de que durante el proceso cuidamos de otros y de sus propiedades (11:18). En última instancia, muchos que se proponen obtener riquezas mundanales lo hacen a costa de los pobres y los necesitados. A Dios le interesa muchísimo que se haga justicia con aquellos que no tienen los medios necesarios para protegerse de los poderosos. Proverbios 22:16 ilustra esta preocupación por los vulnerables: "El que oprime al pobre para aumentar sus ganancias, o que da al rico, ciertamente se empobrecerá".

La defensa de la justicia

La primera vez que me pusieron una multa de tráfico fue una experiencia traumática para mí.

Mientras recorría la distancia entre el buzón y la puerta delantera de mi casa abrí con gran energía una carta que venía a mi nombre. Me quedé pasmado al descubrir que detallaba una infracción de tráfico en la cual habían detenido el vehículo de Dominick Hernández a un lado de la carretera por haberse saltado un Stop. A medida que iba leyendo todo el informe de la infracción me puse cada vez más asustado, enfadado y confundido. Verás, es que había un pequeño problema con aquella infracción:

Yo no la había cometido.

De hecho, no tenía ni idea de qué me estaban hablando.

Al final mi mirada descendió hasta la parte inferior de la multa y me di cuenta de que estaba firmada. Allí estaba escrito mi nombre con una letra que no tenía nada que ver con la mía. Me quedé confuso por la situación, sobre todo porque la multa contenía muchos de mis datos personales.

Entonces me di cuenta de lo que había pasado.

Me habían robado la identidad. Debido a toda la información personal que figuraba en el documento, y a otros detalles del incidente que descubrí más tarde, me vi abocado a la conclusión de que un miembro de mi familia me había robado la identidad. Vacilante, marqué la casilla que figuraba en la parte inferior de la multa para solicitar una vista ante el tribunal, y envié una copia por correo.

Cuando llegué al palacio de justicia el día de la vista, fue repasando mentalmente qué iba a decir al juez. Mientras aguardaba fuera de la sala del tribunal, de repente se me acercó un hombre muy serio, pero por lo visto muy enfadado, algo que me pilló totalmente por sorpresa. Se presentó como el agente responsable de emitir aquella multa y, sin apenas mirarme, me preguntó: "¿Está intentando reducir la cuantía?". "Míreme. ¿Reconoce mi cara?", le respondí tan tajante como me había abordado él. A lo mejor debería haber tenido menos confianza en mí mismo. "Yo no soy la persona a la que usted detuvo. No era yo", añadí. El policía se abstuvo de añadir nada más.

Poco después nos invitaron a entrar en la sala del tribunal. Mi ansiedad aumentó cuando vi que el policía tenía a un abogado que le representaba, con su traje y todo.

Hasta este momento de mi vida, nunca me he vuelto a sentir tan indefenso como entonces. Alguien dio un falso testimonio y me metió en aquella situación tan precaria. Mi única esperanza para que no me declarasen culpable erróneamente debido a aquella infracción de tráfico era que el policía fuera sincero sobre lo que recordaba y el juez fuera imparcial conmigo. Yo no tenía garantía alguna de que se cumplieran esas condiciones.

Después de ciertos protocolos iniciales entre el juez y otros presentes en la sala, el juez se dirigió al abogado del policía. El abogado respondió con las únicas palabras que recuerdo de toda la vista: "Solicitamos que se desestime la multa".

Se había hecho justicia.

Para que una comunidad funcione bien, entre los individuos que forman el grupo debe existir el interés general por la justicia. La aceptación de una conducta por parte de algunos miembros de una comunidad que sea contraria a los principios morales del grupo conduce a la opresión de quienes no reciben un trato especial. En mi caso, la voz del policía podría haber contado con el respaldo del juez si hubiera insistido que yo era la persona a la que detuvo. Me entusiasmó que el policía quisiera que el caso tuviera un final adecuado, en lugar de ejercer su poder y su influencia en una situación en la que yo estaba totalmente desprotegido.

La ayuda a los pobres

En realidad, creo que hubiera encontrado *alguna* manera de pagar la multa por infracción de tráfico si las cosas no me hubieran ido bien en el tribunal. Sin embargo, hay personas que tienen problemas económicos para quienes sería imposible pagar una multa de tráfico de la que no fueran responsables. En los casos que afectan a los menos afortunados, la defensa de los principios de la justicia es especialmente importante, porque las consecuencias de la injusticia son desproporcionadamente perjudiciales para ellos. Proverbios incluye muchos dichos que revelan la importancia de ayudar a los más desfavorecidos.

Ya de entrada, es significativo mencionar que ser pobre no es algo inherentemente vergonzante, conclusión a la que podríamos llegar si leyésemos por encima algunos de los proverbios relativos a la retribución para los insensatos. Ciertamente hay algunas personas de las que Proverbios dice que acarrean pobreza para sí mismas como resultado de su actividad inmoral, como mencionamos antes. A pesar de ello, estos dichos no indican que la dificultad económica sea *necesariamente* un indicio de pecado. En diversos proverbios a la gente se la caracteriza simplemente como "pobre", sin que se haga ninguna valoración sobre el motivo de su pobreza (19:1, 4, 7). Siendo este el caso, no podemos dar por hecho que la falta de bienes físicos o de riqueza sea incuestionablemente el resultado de deficiencias de carácter o de falta de sabiduría, como nos sugiere con ironía Proverbios 28:11: "El hombre rico es sabio en su propia opinión; mas el pobre entendido lo escudriña".

Proverbios no diferencia entre los sabios y los necios en función de su condición socioeconómica. De hecho, Proverbios 28:11 sugiere que a veces los pobres están dotados de una capacidad de comprender, razonar y discernir superior a la de los ricos. A pesar de ello, por muchas razones que están mucho más allá de lo que podemos analizar aquí, ha habido y sigue habiendo personas que tienen dificultades económicas en los distintos tipos de comunidades. El hecho de que en nuestro mundo haya personas que sean menos afortunadas ofrece a quienes avanzan por el camino de la sabiduría la oportunidad de demostrar el amor de Dios y el interés por los necesitados, cuidando de ellos.

Es lamentable que, en muchos casos, las personas menos afortunadas sean aquellas que son explotadas por quienes tienen más recursos, autoridad e influencia (10:15). Proverbios sugiere que existe la tendencia a que las personas se rodeen de los adinerados y privilegiados, mientras los pobres carecen de respaldo social (19:4, 7). Esta inclinación aísla a los pobres y los hace vulnerables al olvido o al abuso por parte de los poderosos (21:13). A pesar de esto, Proverbios denuncia categóricamente la injusticia contra los pobres, sobre todo a manos de quienes tienen dinero y/o ocupan puestos de autoridad.

El motivo de cuidar como debemos de los pobres se repite a menudo en Proverbios, y es que el Señor se interesa excepcionalmente por los vulnerables. El Señor tiene un interés "personal" en los asuntos de los indefensos, y les presta una atención especial. El Señor es el defensor de los pobres, y todo aquel que les moleste deberá responder de ello. Esta es una verdad que se repite por todos los proverbios, como leemos en 14:31 y 17:5:

> El que oprime al pobre afrenta a su Hacedor;
> Mas el que tiene misericordia del pobre, lo honra.

> El que escarnece al pobre afrenta a su Hacedor;
> Y el que se alegra de la calamidad no quedará sin castigo.

La frontera de la justicia

Hay un ejemplo concreto de injusticia que aparece repetidamente en Proverbios y que manifiesta a las claras el interés del Señor por los vulnerables. En Proverbios leemos una serie de máximas que nos enseñan que hemos de oponernos a una "frontera" antigua. Es posible que el lector pase por alto rápidamente estos proverbios, dado que desplazar los hitos delimitadores no es una situación muy frecuente en el mundo moderno. Aun así, cuando frenamos un poco y leemos estos proverbios en su entorno bíblico, vemos que su aplicación sigue siendo relevante.

Según parece, en la antigüedad los mojones indicaban el final de una propiedad y el comienzo de otra. En el antiguo Israel, si los miembros de la comunidad se tomaban la libertad de cambiar de sitio un hito, se les acusaba de invasión y de modificar los límites de una tierra que no era suya. Además de esto, alterar los límites era una manera de que alguien pudiera apropiarse astutamente de las tierras de un vecino, o robarlas de una víctima que no se lo esperase. El principio esencial que se enseña en estos pasajes sobre los hitos fomenta el respeto por los otros miembros de la comunidad al abstenerse de arrebatarles su propiedad. Podemos analizar colectivamente el modo en que estos dichos sobre los hitos (antes extraños para nosotros) se relacionan con la justicia del Señor y el interés por los desfavorecidos:

No traspases los linderos antiguos
Que pusieron tus padres. (Prov 22:28).

A un estudiante de la Biblia esta retórica puede sonarle familiar. La razón es que esta es la misma instrucción que se dio al pueblo de Israel en la Torá (ver Dt 15:7-11; 19:14). Como mencionamos en el capítulo 1, en la Biblia la repetición es importante, sobre todo cuando el mismo mandato del Señor se reitera cerca de otra aparición del mismo. Lo que resulta especialmente interesante en este mandamiento es que vuelve a repetirse en Deuteronomio, dentro del contexto en el que el Señor advierte al pueblo de Israel que no se aproveche de los vulnerables (por ejemplo, el jornalero [inmigrante], el huérfano, la viuda):

Maldito el que redujere el límite de su prójimo. Y dirá todo el pueblo: Amén. (Dt 27:17).

Dos versículos más adelante leemos:

Maldito el que pervirtiere el derecho del extranjero, del huérfano y de la viuda. (Dt27:19).

Volviendo a Proverbios, vemos que se combinan las advertencias contra desplazar los lindes de un vecino y la perversión de la justicia debida a los huérfanos y a las viudas, usando un lenguaje parecido al de los pasajes en Deuteronomio:

No traspases el lindero antiguo,
Ni entres en la heredad de los huérfanos;

Porque el defensor de ellos es el Fuerte,
El cual juzgará la causa de ellos contra ti. (Prov 23:10-11).

Jehová asolará la casa de los soberbios;
Pero afirmará la heredad de la viuda. (Prov 15:25).

También observamos que Proverbios muestra al Señor como un agente activo a la hora de proteger a los vulnerables. Es el Señor quien protege a los pobres (22:22-23), es Él quien mantiene activamente las lindes de la viuda (15:25), y es el Señor quien recompensa a quienes son generosos con los necesitados (14:21b; 19:17). Proverbios llama a los lectores obedientes a admitir que quienes cuidan de los oprimidos, los necesitados y los débiles demuestran el carácter del Señor a sus congéneres humanos.

Quienes temen al Señor tratan a los pobres con justicia mientras recorren el camino hacia la sabiduría (29:7). Además, quienes ocupan posiciones de poder están obligados a denunciar las injusticias cometidas contra los vulnerables (31:8-9). Tanto si ocupamos posiciones de autoridad en el mundo como si no, tenemos la responsabilidad de compartir nuestros recursos con los pobres, de tratar con dignidad a los menos afortunados y de concederles todos los derechos que tendrían otros (22:9; 29:14).

¿Y ahora qué?

Normalmente empiezo Proverbios 10–30 con una actitud informal, encantado de volver a estar en esta sección del libro. Sin embargo, a medida que continúo, la seriedad de mi lectura va aumentando inevitablemente, cuando empiezo a darme cuenta de que hay algunas áreas en mi vida en las que posiblemente no reflejo que temo al Señor y avanzo por el camino hacia la sabiduría. Los proverbios me ofrecen opciones para afrontar los problemas que encuentro, pero sé que habrá un precio. Dependiendo del estadio de la vida en que me encuentre y de aquello a lo que me enfrente ahora mismo, ese precio puede ser elevado. También sé que si admito que tengo que trabajar en algunas áreas, puedo ser totalmente vulnerable a otras personas. Podrían salir a la luz mis puntos débiles, y quizá no pudiera proteger mi imagen.

Lo mejor que puedo hacer en este punto es seguir leyendo. Solo al proseguir la lectura podría actuar para decir que sí a Dios y estar dispuesto a pagar el alto precio del cambio. Cuando en mi vida se producen estos cambios prácticos, como resultado de leer, ser educable y, en consecuencia, obedecer, estoy agradecido. Me doy cuenta de que valió la pena el trauma y el precio.

Todos tenemos problemas en nuestros respectivos caminos. Lo único que tenemos que hacer es leer Proverbios y nos daremos cuenta. El modo en que abordemos esos problemas refleja nuestro temor del Señor; refleja hasta qué punto le decimos que sí a Dios. Cuando buscamos un ejemplo de lo que sería que le dijésemos que sí al Señor en todo momento, no tenemos que ir más lejos de la mujer virtuosa en Proverbios 31.

CAPÍTULO 4

La sabiduría en la práctica:
Proverbios 31

El jueves 27 de 1985 fue el día en que mi hermana cumplió diez meses. Durante esa semana estuve en un campamento de verano. En realidad, no recuerdo mucho de esa semana en el campamento, excepto lo que sucedió cuando regresé a casa ese jueves.

Cuando llegamos, mi madre me pidió que fuera con ella a una habitación porque tenía que hablar conmigo. Entré en el dormitorio y mi madre se sentó en la cama, al otro lado del cuarto, frente a la puerta. Se puso a llorar. Entre suspiros y lágrimas que en mi vida había visto hasta ese momento, mi madre me dijo las que seguramente sean las palabras más duras que haya tenido que decirme en su vida: "Hoy papá se ha ido al cielo".

A mis cinco años no se me dio muy bien descifrar el eufemismo de mi madre. ¿Por qué papá no podía volver del cielo?

Mientras mi madre intentaba explicarme entre lágrimas lo que es la muerte, yo seguía sin captar bien las implicaciones de lo sucedido. Veía llorar a mi madre, y era consciente de que la situación era terrible. Como la escena me hacía sufrir, también me puse a llorar.

Mi padre, conocido como "Sammy" por todos sus amigos íntimos y sus familiares, falleció a la edad de 39 años. Dejó atrás a una esposa y a cuatro hijos menores de diez años. Imagino que ninguno de nosotros podría haber comprendido plenamente lo que supondría para el futuro de nuestra familia lo sucedido aquel día.

Hay una cosa, como mínimo, sobre la que creo que mis hermanos y yo estaremos de acuerdo: el jueves 27 de junio de 1985 fue el comienzo de una época intensa de nuestra vida, en la que nuestra madre manifestó una determinación y un carácter formidables, luchando por sacar adelante a su familia de la manera más eficaz posible, dadas las lamentables circunstancias. El día que mi padre murió fue una encrucijada crítica, inaugurando un estado de cosas desastroso que obligaría a mi madre a manifestar unas cualidades guerreras únicas.

Mi madre era una guerrera.

La mujer a la que se describe habitualmente como "virtuosa", "capaz", "excelente" o "noble" en Proverbios 31:10 se parece sin duda a cada uno de esos adjetivos. Sin embargo, hay un calificativo potencial que suele pasarse por alto. La misma palabra hebrea que se traduce como los adjetivos antes mencionados se usa también docenas de veces, en muchos pasajes de la Biblia, para denotar fuerza física, incluso la de un ejército (por ejemplo, 2 R 18:7). En otras ocasiones, la palabra tiene que ver con cierto tipo de valor moral (por ejemplo, Rut 3:11). Si nos basamos en la descripción de esta mujer en Proverbios 31:10-31, está claro que son aplicables las dos connotaciones. "Guerrera" (literalmente, "mujer fuerte") es una traducción colorida que abarca la perseverancia, la determinación y el sacrificio necesario para vivir la vida de una manera que honre siempre al Señor, sobre todo bajo expectativas acuciantes y en circunstancias lamentables. Esta es mi traducción del hebreo *eshet chayil*, que usaré a lo largo de este capítulo.

Mi madre era, y sigue siendo, una guerrera.

Mi madre empezó a serlo en su adolescencia. Dejó secundaria en segundo de bachillerato para cuidar de mi hermano mayor. Cuando nuestro padre murió, solo habían pasado unos pocos años desde que nos habíamos mudado de New York City a Lacey Park, Pennsylvania; ella ni siquiera tenía carné de conducir. No tenía formación académica, y nunca había trabajado en un empleo a tiempo completo que pudiera mantener económicamente a nuestra familia.

Mi madre, la guerrera.

En los años posteriores a la muerte de mi padre mi madre obtuvo su Diploma de Educación General y fue a la universidad. Consiguió el carné de conducir y empezó a trabajar como maestra en un programa preescolar para niños sin recursos económicos; era el mismo al que asistían sus hijos. A pesar de hacer todo esto, siempre recuerdo a mi madre presente en casa, satisfaciendo las necesidades personales de sus hijos. Nunca dejó de pasar unas vacaciones con la familia, y de alguna manera siempre pudo hacernos regalos en los cumpleaños.

Mi guerrera.

El amor de mi madre por los vulnerables se hizo evidente a medida que sus hijos crecimos y nos fuimos de casa. Entonces es cuando empezó a cuidar de niños en condiciones precarias. Ha llevado a su casa a docenas de niños que, de no ser por la compasión de mi madre por los indefensos, no habrían tenido a nadie que cuidara de ellos. Desde que sus hijos adultos se fueron de casa, mi madre ha adoptado a tres niños pequeños y, al hacerlo, ha dedicado el resto de su vida a cuidar de estos tres hermanos nuestros hasta que sean adultos.

No hay maneras idóneas de agradecer a las guerreras como mi madre su inversión positiva en tantas vidas. Las palabras de admiración en el lenguaje humano son insuficientes para expresar como es debido la apreciación por todo lo que hacen esas guerreras. A pesar de esto, quienes se han visto afectados positivamente por una de ellas deberían procurar mostrar su respeto y su gratitud; ¡no hay duda de que lo correcto es expresar honra y honor a esas mujeres!

¿Quién es esta mujer?

Solemos pensar generalmente que el retrato literal que hace Proverbios 31:10-31 de esa mujer tiene su contrapartida en la vida real: mi madre guerrera. Las interpretaciones tradicionales de este pasaje sugieren que la mujer de Proverbios 31 es una imagen de la mujer piadosa ideal, a quien todas las demás mujeres deben esforzarse por imitar para alcanzar su potencial pleno. En consecuencia, es frecuente que los estudios bíblicos femeninos se centren en este pasaje, destacando distintos rasgos concretos y actos que figuran en la lista de Proverbios 31:10-31, y exhortando a las mujeres a luchar por imitarlos. Aparte de esto, es frecuente escuchar que a una mujer a quien se pretende halagar se la llama "una mujer de Proverbios 31", lo cual suele significar que es trabajadora y que manifiesta un carácter admirable.

Tal como ejemplificó mi madre, no cabe duda de que hay rasgos de la mujer guerrera de Proverbios 31:10-31 que son dignos de imitar. Sin embargo, si el autor de Proverbios estuviera dándonos solamente un prototipo que indicase la conducta que deberían manifestar las mujeres piadosas para alcanzar los objetivos últimos de su feminidad, tendríamos que plantearnos las siguientes preguntas:

- ¿Cómo podemos los hombres aprender del ejemplo ofrecido en este pasaje y aplicar este texto?
- ¿Cómo deberían entender este texto las mujeres solteras?
- ¿Cómo deben interpretar el texto quienes no tienen hijos? Aún son más complicadas las preguntas sobre cómo deben entender este pasaje las personas que *no pueden* tener hijos.
- En la misma línea, ¿cómo es posible ser una "guerrera" si no eres una mujer casada y con hijos? ¿Existe siquiera la posibilidad?

Si la aplicación de este pasaje no es más amplia que la descripción exclusiva de la mujer ideal a la que deben esforzarse por imitar todas las demás, ¡entonces los hombres y las personas sin hijos estarían justificadas en saltárselo!

Aislar el hermoso poema acróstico de Proverbios 31:10-31 de su contexto más amplio, que es el libro entero de Proverbios, podría inducirnos a pensar que la esencia del pasaje es la mujer y solo ella. Proverbios 31:10-31 ilustra algo mucho más amplio y más aplicable a todos los estudiosos de la Biblia. Mediante el examen de estos versículos en el contexto del libro entero de Proverbios, podemos observar que la guerrera funciona como la encarnación última de la sabiduría a la que ha estado llamando Proverbios a sus lectores. Mediante la observación de la guerrera de Proverbios 31:10-31, vemos una ilustración didáctica del temor del Señor en la práctica; vemos la vida de una persona que tiene la disposición constante a decir "sí, sí, sí".

La prefiguración de la sabiduría

Puede que al lector le sorprenda saber que a la *mujer* guerrera de Proverbios 31 se la describe como la persona sabia por antonomasia, si tenemos en cuenta la cantidad de veces que ella instruye a su hijo a lo largo del libro. A pesar de ello, una lectura profunda del libro como un todo sugiere que la sabiduría de la mujer se prefigura en muchas ocasiones. En ese libro, el recurso literario de la prefiguración se consigue de dos maneras primarias. Primero, se lleva a cabo mediante la mención constante de la madre junto con el padre, durante todo el libro de Proverbios. Segundo, el uso de expresiones concretas relacionadas con la guerrera en todo Proverbios prepara el camino para que el autor establezca conexiones con esa retórica en Proverbios 31:10-31.

Menciones conjuntas del padre y la madre

La primera vez en Proverbios que se manda al "hijo" prestar atención a la instrucción, la enseñanza de la madre se establece en paralelo a la guía del padre (1:8; ver también 6:20; 23:22; y, de igual manera, 4:3). En Proverbios resultan especialmente interesantes las referencias al padre y a la madre en su conjunto en los dichos que instruyen al hijo a tributar el mismo honor a ambos progenitores. Por ejemplo, los siguientes proverbios mencionan tanto al padre como a la madre, implicando que ambos progenitores están encantados con un hijo que toma decisiones sabias, y sugieren que, como contrapartida, se entristecen cuando su hijo rechaza la sabiduría y actúa como un necio, deshonrándoles:

Mucho se alegrará el padre del justo,
Y el que engendra sabio se gozará con él.

Alégrense tu padre y tu madre,
Y gócese la que te dio a luz. (Prov 23:24-25).

El hijo sabio alegra al padre;
Mas el hombre necio menosprecia a su madre. (Prov 15:20).

El hijo o hija que rechaza la guía y, por consiguiente, revela ser un necio acarrea vergüenza y tristeza a *sus dos* padres (19:26; ver también 10:1; atención sobre todo a la madre en 29:15). Aparte de esto, es importante destacar que existe la misma retribución para quienes desprecian a sus padres y a sus madres (20:20; ver también 28:24; 30:11, 17). No es casualidad que se mencione al padre y a la madre en estos pasajes relativos a la instrucción paterna y a las consecuencias de menospreciar la sabiduría. Prestando atención a estos detalles aprendemos mucho de lo que hace Proverbios.

A los lectores les puede sorprender un poco que en tantos proverbios se mencione a la madre junto al padre, porque Proverbios fue escrito dentro del contexto de la antigua élite social israelita (ver el capítulo 3 de este libro). En ese entorno aristocrático la realeza se transmitía de padre a hijo, como también sucedía con la sabiduría tradicional. En una composición que surge de un entorno dominado por los hombres, la madre no *tendría* ni que mencionarse. No hay *ninguna necesidad* de registrar la voz de la madre. Sin embargo, en Proverbios a la madre no solo se la menciona repetidamente, sino que se la tiene en la misma consideración que al padre.

Entonces, ¿qué importancia tiene tener la misma consideración por la madre y por el padre a la luz de la totalidad del libro? Al mencionar repetidamente a los padres como conjunto, el escritor de Proverbios nos dice que la sabiduría del libro surge tanto del padre como de la madre. Es decir, que la madre es igual de responsable que el padre para instruir a su hijo en sabiduría. En consecuencia, el hijo está obligado a responder a su padre y a su madre con obediencia, librándoles de toda vergüenza potencial asociada con la necedad de la desobediencia.

Dado que es frecuente que el escritor coloque la enseñanza de la madre junto a la del padre, es posible que escuchemos la voz de la madre en lugares donde no se afirma explícitamente que la instrucción proviene del padre. No tenemos manera de concluir sin género de duda que muchos de los comentarios del tipo "hijo mío" proceden incuestionablemente del padre. Los lectores a menudo dan por hecho que la persona que se comunica con el hijo es el padre, cuando de hecho este no *tiene* por qué ser el caso en muchos de los proverbios, dado que se nos dice repetidas veces que la instrucción también procede de la madre. Sin embargo, cuando los lectores llegan a Proverbios 31:1, pueden estar totalmente seguros de que están leyendo la voz de la madre cuando enseña a su hijo, el rey Lemuel.

La lectura de Proverbios 31 nos da la oportunidad de echar una mirada nueva a algunos de los otros proverbios y preguntarnos: ¿Qué más podría haber enseñado la madre a lo largo del libro? Por ejemplo, los comentarios "hijo mío" relacionados con la "adúltera" en todo el libro de Proverbios podrían leerse como un padre que advierte a su hijo sobre los peligros de las mujeres inmorales. Sin embargo, podríamos replantearnos esto cuando llegamos a lo que la madre del rey Lemuel le enseñó en 31:3: "No des a las mujeres tu fuerza, ni tus caminos a lo que destruye a los reyes". ¿Es posible que la figura maternal haya impartido otras instrucciones usando imágenes femeninas a lo largo de todo el libro?

Es cierto que no podemos ofrecer una respuesta definitiva a esta pregunta. Sin embargo, sí podemos recordar que a menudo en Proverbios se dice que la sabiduría proviene de una madre sabia. Por lo tanto, no debería extrañarnos al llegar al Proverbios 31 y ver que uno de los poemas más famosos y hermosos de la Biblia, que usa la imagen de una "guerrera", se basa en la instrucción que un hijo recibe de su madre (31:1-9). Lemuel no es un hijo cualquiera, ¡es rey! (31:1). La obra maestra de la poesía que leemos en 31:10-31 fue el resultado de la manera en que una mujer sabia instruyó a su hijo en el camino de la sabiduría.

La asociación de la mujer virtuosa y la sabiduría

Colocar a la madre junto al padre en relación con la enseñanza de la sabiduría es solo uno de los medios por los que podemos prever la aparición de la mujer virtuosa. Otra manera de presagiar el desarrollo de esta mujer valiente es por medio de los vínculos retóricos entre Proverbios 31:10-31 y otras secciones del libro. Estas similitudes en el lenguaje ayudan al lector a seguir la progresión del libro a medida que este avanza para presentar a la mujer guerrera como el ejemplo preeminente de lo que es caminar en sabiduría. Estas conexiones lingüísticas son evidentes porque en Proverbios 1–30 se usan las mismas palabras o expresiones (en hebreo) para hablar sobre varios temas relacionados con la sabiduría que reaparecen en la ilustración de la mujer guerrera en Proverbios 31.

Más abajo señalo cuatro vínculos terminológicos que se usan en Proverbios 1–30 y que reaparecen en Proverbios 31. Estas conexiones cumplen el propósito de ilustrar que al escribir y recopilar los proverbios individuales de los capítulos 1–30 el autor de Proverbios progresaba hacia el parangón de la sabiduría.

La mujer virtuosa: "su estima sobrepasa largamente a la de las piedras preciosas..."

Antes de mencionar cualquier cosa sobre lo que *hace* realmente la mujer guerrera, el poema de Proverbios 31:10-31 llama la atención sobre quién *es* ella. En otras palabras, el carácter personal de la mujer virtuosa es lo que la vuelve excepcional y, por lo tanto, le permite ser la máxima expresión de la sabiduría.

Bajo esta luz, el poema comienza con la tan conocida pregunta del versículo 10:

Mujer guerrera, ¿quién la hallará? (Traducción del autor).

Esta pregunta va seguida de una aseveración figurativa acerca del valor de semejante mujer extraordinaria:

Su valor sobrepasa largamente al de las piedras preciosas. (Traducción del autor).

Este lenguaje figurativo nos trae a la mente otros pasajes de Proverbios en los que se usa el mismo lenguaje para denotar un gran valor. En dos ocasiones esta retórica está vinculada con el inmenso valor que tiene alcanzar la sabiduría. Por ejemplo, en 3:15 leemos:

Más preciosa es [la sabiduría] que las piedras preciosas;
Y todo lo que puedes desear, no se puede comparar a ella.

Este versículo introduce figurativamente la sabiduría en términos de "piedras preciosas". Así, como lectores, empezamos a plantearnos la sabiduría según este lenguaje ya desde el principio del libro. Esto nos induce a ser sensibles a este tipo de imágenes mientras seguimos leyendo, sabiendo que el escritor usa esta metáfora para expresar la importancia de alcanzar la sabiduría, que es una de las ideas principales de Proverbios. La relación figurativa entre la consecución de la sabiduría y las "piedras preciosas" la reitera la Dama Sabiduría en 8:11, donde dice:

Porque mejor es la sabiduría que las piedras preciosas;
Y todo cuanto se puede desear, no es de compararse con ella.

El uso del término que significa "piedras preciosas" en este versículo es especialmente significativo para presagiar a la mujer guerrera de Proverbios 31. El escritor señala que la Dama Sabiduría es la "persona" que habla en 8:1 y en los versículos siguientes. Escuchamos la voz de la Dama Sabiduría cuando implora al oyente a aceptar su enseñanza sabia (8:4-6, 10-11). Cuando la Dama Sabiduría imparte su instrucción a todos los que escuchen, en realidad llama a todos a aceptarla y a abrazarla por encima de cualquier otra cosa, porque "todo cuanto se puede desear, no es de compararse con ella" (es decir, la sabiduría; v. 11b). Por medio de las palabras de la Dama Sabiduría en el capítulo 8, observamos que la "sabiduría" como concepto ya está asociada con una mujer preciosa en función de la sana instrucción que imparte ella. Ahora las líneas de las metáforas se difuminan. La sabiduría, ¿es la mujer o la instrucción?

Ambas cosas.

El concepto de sabiduría (encarnada por una mujer en Proverbios 8) se compara a las "piedras preciosas" y se considera más valiosa que ellas en 8:11. Este proverbio implica que si puedes encontrar este arquetipo de "sabiduría como mujer", habrás hallado un tesoro que tiene un valor muy superior al de cualquier ornamento típico. Bajo esta luz, cuando los lectores nos encontramos con Proverbios 31:10 y observan que la mujer virtuosa es más valiosa que las "piedras preciosas" (exactamente la misma palabra que se usa en 8:11), inmediatamente nos damos cuenta de que la mujer guerrera representa algo mucho más destacable que una mujer animosa pero sobrecargada de trabajo: es la manifestación práctica de la sabiduría que estaba esperando el lector.

El uso de las "colchas"

Cuando busquemos conexiones entre las distintas secciones de cualquier libro, es importante observar cómo se usan las palabras infrecuentes dentro de sus respectivos contextos. Como lectores, reconocemos que cuanto más inusual es una palabra, mayor era la intención con la que la usaba el escritor. Cuanto más infrecuente la expresión, mayor atención debe prestar el lector cuando reaparezca en la composición.

Esto es precisamente lo que sucede con la palabra que se traduce como "colchas" en Proverbios 7:16 y 31:22. Estas son las dos únicas ocasiones en las que aparece este término en *la totalidad* de la Biblia hebrea. Este hecho debería llevarnos a preguntar por qué el escritor usa esta palabra infrecuente dos veces en el mismo libro. Una breve mirada a estos dos pasajes como conjunto nos revela el motivo de que lo haga.

Proverbios 7:6-20 nos habla de una mujer inmoral que tienta a los jóvenes que pasan junto a su casa. Agarra a uno de esos hombres y hace todo lo que está en su mano para convencerle de que acepte el camino del adulterio en que está ella (vs. 13-15). Le besa y, mientras sigue teniéndolo agarrado, le seduce apasionadamente, diciendo: "He adornado mi cama con colchas recamadas con cordoncillo de Egipto" (7:16). La mujer inmoral atrae a los jóvenes a su lecho y a una aventura adúltera, cautivándolos con sus "colchas" importadas. Esta mujer, el retrato de la locura absoluta, hacer caer la vergüenza sobre sí misma, el joven, el esposo de ella y, en última instancia, deshonra al Señor.

¡Esta es una descripción totalmente opuesta a la de la mujer virtuosa! A diferencia de la mujer que personifica el camino del mal induciendo a los jóvenes a que se acuesten sobre las "colchas" importadas de su cama, la mujer virtuosa elabora las conchas en persona y solo para ella y, en este sentido, las colchas atractivas son emblemáticas del respeto que siente por sí misma: "Ella se hace tapices; de lino fino y púrpura es su vestido" (31:22). No le hace falta importar artículos de Egipto, porque la mujer virtuosa puede elaborar con sus propias manos colchas hermosas, así como sus propias prendas de vestir, y usarlas con propósito honorables.

La mujer guerrera honra a su familia, en lugar de avergonzarla, usando su habilidad para la costura para fortalecer las relaciones familiares (31:21; de forma parecida en v. 23). Más adelante analizaremos más a fondo la capacidad de la mujer virtuosa para hacerse ropa y su profundo respeto por las relaciones familiares. A pesar de ello, en este punto podemos ver cómo estos dos usos de la palabra "colchas", muy infrecuente, vinculan a la mujer virtuosa con la sabiduría.

"Su ganancia es mejor..."

Justo antes de mencionar el valor de la sabiduría personificada como algo "más precioso que las piedras preciosas" en Proverbios 3:15, el autor presagia la aparición de la sabiduría encarnada en la mujer guerrera, proclamando:

Bienaventurado el hombre que halla la sabiduría,
Y que obtiene la inteligencia;

Porque su ganancia [literalmente, su ganancia económica] es mejor que la ganancia de la plata,
Y sus frutos más que el oro fino. (Prov 3:13-14).

Estos versículos presentan al lector una metáfora que ilustra el gran valor de la sabiduría en términos de beneficios económicos abundantes; en concreto, el valor de la sabiduría es superior al de los metales preciosos. Así, al principio del libro de Proverbios, a los lectores se les expone una asociación figurativa entre la posesión de la sabiduría y la producción de considerables ganancias monetarias.

Esta conexión mental entre la sabiduría y los beneficios económicos se reserva hasta que los lectores llegan a Proverbios 31:18a, donde leemos: "ve [la mujer virtuosa] que *van bien sus negocios* [literalmente, que sus beneficios económicos son elevados; cursiva añadida]". Las palabras en cursiva son exactamente la misma expresión hebrea escrita en el mismo orden tanto en 3:14 como en 31:18. Dentro del contexto de Proverbios 3, al hijo se le manda que encuentre la sabiduría, porque encontrarla, básicamente, "le será rentable". En Proverbios 31:18 leemos que el modelo último de sabiduría reconoce que está en posesión de "bienes extremadamente provechosos". Una vez más observamos cómo el autor, aparentemente, usa el lenguaje figurativo para describir la sabiduría al principio de Proverbios, que crea expectativas de ver en algún momento la encarnación de la sabiduría tan como la vemos descrita en la mujer virtuosa.

El consejo de una madre: "No des a las mujeres tu fuerza"

Quizá para sorpresa de muchos lectores, Proverbios 31:10 no es la única ocasión en la que aparece en este libro la expresión "mujer virtuosa". Proverbios 12:4 dice que "la mujer virtuosa ["mujer fuerte" o "guerrera"] es corona de su marido, más la mala, como carcoma en sus huesos". No es sorprendente ver a la mujer virtuosa contrastada con aquella que avergüenza, porque este tipo de comparación se da con frecuencia en Proverbios. Lo que es único en este versículo es que a la mujer distinguida se la llama concretamente "mujer fuerte", que es la misma expresión usada en Proverbios 31:10 para describir a la mujer a la que llamamos "guerrera". La disparidad entre las dos mujeres en Proverbios 12:4, junto con la mención específica de la expresión "mujer fuerte/mujer guerrera", induce a los lectores a ser conscientes de cómo se usa la palabra *fortaleza* en otros lugares del libro para crear una comparación entre las mujeres que honran a quienes están cerca de ellas y las mujeres que avergüenzan a otros.

Esta comparación aparece, como podríamos esperar, al principio de Proverbios 31. El capítulo empieza cuando el rey Lemuel recibe instrucción de su madre. El primer mandamiento de la madre del rey Lemuel a su hijo, el rey, es: "No des a las mujeres tu fuerza, ni tus caminos a lo que destruye a los reyes" (31:3). La madre del rey Lemuel le ordena que se prive de dar su "fuerza" (la misma palabra que en 12:4 y 31:10) al tipo de mujer que le debilitaría como rey. Por ejemplo, la "mujer necia" que intenta sacar a las personas del camino recto para meterlas en su casa (9:13-18) es el tipo de mujer en la que la madre de Lemuel le prohíbe que invierta ninguno de sus recursos personales (por ejemplo, su "fuerza").

Esto hace que el lector se pregunte: ¿a qué tipo de mujer debería dar su fuerza el rey?

Esto es precisamente lo que el escritor quiere que nos preguntemos a estas alturas del libro.

Percibimos esto unos pocos versículos más adelante, donde se da respuesta a nuestra pregunta mediante exactamente el tipo de lenguaje que era de esperar: el rey debería invertir sus recursos reales solo en la "mujer virtuosa", es decir, la "mujer fuerte" o "guerrera" (31:10).

Un retrato de la sabiduría genuina

Los vínculos antes mencionados sugieren que el autor de Proverbios está perfilando una ilustración compleja. A pesar del hecho de que es posible que los proverbios no procediesen todos de la misma fuente (ver 10:1; 25:1; 30:1; 31:1), el escritor del libro de Proverbios reunió los materiales en una composición singular, en la cual se reiteran muchos de los mismos principios relativos a la sabiduría. La repetición de temas sobre cómo debería vivir la gente en el camino de la sabiduría nos conduce por fin al ejemplo más sublime de la sabiduría, en Proverbios 31.

Hasta este punto de nuestro estudio, hemos abordado Proverbios como aficionados a los puzles. Nos encontramos los proverbios individuales como piezas de puzle inconexas. Entonces dedicamos un tiempo a leerlos, suponiendo que al final había "una imagen global". Cuando empezamos a montar el puzle descubrimos que, mediante la repetición, se iba perfilando la imagen y aparecían las piezas de las esquinas (temas principales). Cuando aparecieron estas piezas esquineras, algunos de los proverbios más difíciles encontraron su lugar. Todo este proceso llega a su fin en Proverbios 31, donde las últimas piezas del puzle se organizan y se materializa la imagen global de Proverbios. En esta sección vamos a disponer un par de las últimas piezas, observando la estética de este poema magistral que dibuja la imagen de la extraordinaria mujer virtuosa.

En el capítulo 3 de este libro hablamos de al menos seis temas cruciales que aparecen a lo largo de Proverbios por medio de la repetición, temas relacionados con las vidas cotidianas prácticas de personas comunes. Vimos que la manera en que cada uno responda a estas cuestiones suele ser un indicador directo de si camina o no por la senda de la sabiduría. A continuación veremos los seis temas básicos que analizamos en el capítulo anterior:

1. Las relaciones familiares.
2. El uso de la lengua.
3. La humildad.
4. La diligencia en el trabajo.
5. La obtención honrada de ingresos.
6. La ayuda a los vulnerables.

Todos estos temas reaparecen en la descripción de la mujer virtuosa en Proverbios 31:10- 31. Dado que esta sección de Proverbios es una composición poética única, en los proverbios individuales no se abordan explícitamente esos temas principales, como sí pasa en otras secciones del libro. Nuestra admisión de que este poema forma parte integral de toda la composición, nuestra sensibilidad al lenguaje particular que se usa, y nuestra percepción de la repetición nos preparan para ser lectores meticulosos de este último capítulo.

El poema de la mujer guerrera es una composición magnífica, que tiene diversas capas de interpretación por descubrir. Cuando lo abordamos por primera vez quizá podamos pensar que leemos un relato poético sobre una mujer real. A pesar de ello, a medida que observamos la conducta de la mujer virtuosa en relación con los temas que surgen en Proverbios, somos conscientes de que nos hemos topado con el prototipo de persona que teme al Señor. En las secciones siguientes haremos algunas observaciones breves sobre cómo responde la mujer virtuosa a los seis temas incluidos en la lista anterior, y cómo lo hace de maneras que ejemplifican la sabiduría. Concluiremos esta sección observando cómo en Proverbios el miedo va estrechamente ligado con la maldad, y evaluando el retrato de la mujer guerrera a la luz de esta consideración.

Su amor por la familia: "Toda su familia está vestida de ropas dobles"

La mujer virtuosa manifiesta respeto por la dinámica familiar, porque cuida a su familia de diversas maneras, pero sobre todo proporcionando los artículos esenciales para la vida de sus miembros:

Se levanta aun de noche
Y da comida a su familia
Y ración a sus criadas. (Prov 31:15).

La mujer virtuosa sacrifica el tiempo dedicado a su reposo personal para asegurarse de que los que están en su casa tengan lo que necesitan cuando lo necesiten (por ejemplo, comida por la mañana). Hacer que las necesidades personales como el sueño sean algo secundario con objeto de cuidar de los seres queridos es un elemento central de la manifestación práctica del amor (ver 31:18). Esto es lo que vemos en la mujer guerrera.

En un punto posterior del poema aparece un lenguaje parecido relacionado con el hecho de que la mujer virtuosa cuida de su familia: "No tiene temor de la nieve por su familia, porque toda su familia está vestida de ropas dobles" (31:21). Este es otro ejemplo de cómo la mujer virtuosa se preocupa por asegurarse de que queden cubiertas todas las necesidades físicas básicas de sus seres queridos. Gracias a ella todos en su casa van bien vestidos y están preparados para un clima potencialmente adverso.

El interés por las necesidades físicas de sus seres queridos no es la única manera en que la mujer virtuosa manifiesta su aprecio por su familia. También le preocupa especialmente la conducta de quienes están bajo su cuidado: "considera [lit. "vigila"] los caminos de su casa" (31:27a). Lo que está implícito en este versículo es que la mujer virtuosa se ha disciplinado en la disciplina de disciplinar, dado que le preocupa profundamente la conducta de los que viven en su casa bajo su observación.

El amor que siente la mujer virtuosa por su casa, manifiesto en su servicio práctico y en su interés por los caminos de los suyos, es algo que reconoce su familia. Sus seres queridos son conscientes de la excelencia de esa guerrera, como queda reflejado en su alabanza de ella:

> Se levantan sus hijos y la llaman bienaventurada;
> Y su marido también la alaba:
>
> Muchas mujeres hicieron el bien;
> Mas tú sobrepasas a todas. (Prov 31:28-29).

En estos versículos podemos detectar respeto por la dinámica familiar: la mujer virtuosa provee para sus hijos y los guía por la vida; sus hijos reconocen su amor por ellos, la respetan, la honran y la alaban.

El hecho de que se mencione al marido de la mujer guerrera es bastante significativo para el retrato de *su* carácter excepcional. Ya observamos, al principio del poema, que el corazón del marido confía en su esposa: "El corazón de su marido está en ella confiado, y no carecerá de ganancias" (31:11). ¿Por qué es importante que el autor mencione concretamente que el esposo confía en su mujer y que ella persigue los mejores intereses de él todos los días de su vida (31:12)?

Porque le es fiel.

Ha dedicado "todos los días de su vida" a mostrarse honorable con su marido.

Al señalar esto, el escritor contrasta la actitud ridícula que se atribuye a la mujer adúltera e inmoral a lo largo de Proverbios. No observamos a una mujer a la que se la llame "bienaventurada" porque esté casada. Más bien vemos a una persona que rechaza por completo qué absurdo es la infidelidad y recorrer el camino del mal, mientras demuestra a las claras que teme al Señor cuando honra la dinámica de su familia y camina por la senda hacia la sabiduría. *Todo el mundo* aprende así lo que significa en la práctica temer al Señor; solo hay que mirar cómo cuida de su casa la mujer virtuosa.

Su duro trabajo: "con voluntad trabaja con sus manos"

Inmediatamente después de leer sobre el interés de la mujer virtuosa por la dinámica familiar (31:12), se la caracteriza como una trabajadora afanosa. No hay duda de que la ubicación de estas descripciones no es accidental. La mujer virtuosa se preocupa sobre todo de quienes le son cercanos, y Proverbios 31:13 sugiere que trabaja duro como modista para satisfacer las necesidades básicas de los suyos: "Busca lana y lino, y con voluntad trabaja con sus manos" (de igual manera, 31:21b-22). La sugerencia de que la mujer guerrera puede ser modista profesional queda corroborada un poco más adelante en el poema, cuando el autor ofrece una visión más concreta sobre su actividad profesional, afirmando: "Aplica su mano al huso, y sus manos a la rueca" (31:19). La mujer virtuosa, contrastada con las personas perezosas y egocéntricas que se niegan a extender sus manos y trabajar (21:25-26a), pero esperan que se satisfagan sus deseos, se reviste de fuerza, extiende sus propias manos y participa del arduo trabajo de elaborar prendas de vestir para ella misma y para otros (ver 31:17, 27b).

La experiencia humana común nos dice que cuando más cuesta mantener un trabajo duro, y cualquier otro tipo de disciplina, es cuando el cuerpo está cansado. A pesar de ello, a pesar de que la mujer virtuosa se levanta antes del alba (31:15), se queda por la noche hasta tarde para acabar su trabajo: "su lámpara no se apaga de noche" (31:18). El ejemplo de la diligencia de la mujer guerrera al trabajar arduamente es una evidencia de su rechazo a la apatía hacia el trabajo que caracteriza a los perezosos; demuestra que acepta la rentabilidad del trabajo arduo.

Su salario honrado: "hace telas, y vende"

En un momento temprano del poema sobre la mujer virtuosa, el autor nos sugiere su astucia comercial, diciendo que "considera la heredad, y la compra, y planta viña del fruto de sus manos" (31:16). Después de evaluar la propiedad, la mujer virtuosa decide que es rentable y la adquiere. Entonces trabaja ese campo con sus propias manos y es recompensada con la viña que crece en su propiedad. Desde localizar el campo correcto hasta cosechar el fruto de su viña, la totalidad del proceso es consecuencia de la astucia y del trabajo duro de la mujer guerrera.

Como vimos antes, a la mujer virtuosa se la describe como confeccionista de ropa. Esta propuesta queda confirmada por la explicación de su negocio: "Hace telas, y vende, y da cintas al mercader" (31:24). Después de la primera pista sobre la profesión de esta mujer en Proverbios 31:13, se expresa su trabajo arduo en términos metafóricos: "Es como nave de mercader; trae su pan de lejos" (31:14). Este versículo parece decir que la mujer virtuosa es capaz de trabajar tan intensamente como sea necesario para ganar honradamente el salario que necesita para cubrir las necesidades de su familia.

La mujer virtuosa trabaja mucho, gana un salario honrado, es sabia al usar esos recursos, los invierte bien y cosecha los beneficios de ser prudente en el ámbito económico. Usa su capacidad para hacer vestidos no solo para confeccionar prendas para su familia, sino también para venderlas y obtener recursos económicos. La mujer virtuosa no tiene motivos para pensar en aprovecharse de otros, porque se gana honradamente el pan.

Su atención a los vulnerables: "alarga su mano al pobre"

La mujer virtuosa de Proverbios 31:10-31 manifiesta el mismo tipo de atención que tiene el Señor por los vulnerables. Antes que nada, cuida de aquellos que podrían ser los más vulnerables sin su protección: su familia (31:15, 21). Aparte de esto, la mujer virtuosa va más allá de cuidar solamente de aquellos que le son cercanos, tomando la iniciativa de cuidar de otras personas necesitadas que no están en su círculo inmediato: "Alarga su mano al pobre, y extiende sus manos al menesteroso" (31:20). Fijémonos que a la mujer virtuosa se la describe específicamente como alguien que ofrece *activamente* ayuda a los pobres. La descripción de la mujer fuerte que trabaja duro para disponer de los recursos no solo para cuidar a su familia, sino también para mostrarse activa para cuidar a quienes puedan necesitarlo, es una personificación del altruismo y, por consiguiente, un ejemplo práctico para todos los lectores modernos sobre *cómo* temer al Señor.

Su discurso sabio: "abre su boca con sabiduría"

El único versículo en el poema de Proverbios 31 que describe cómo habla la mujer virtuosa indica que "abre su boca con sabiduría, y la ley de clemencia está en su lengua" (31:26). Cuando la mujer guerrera juzga que es prudente hablar, lo hace con cuidado, asegurándose de que sus oyentes sean edificados por sus palabras. Al leer este versículo, los lectores pueden comprender muchos de los proverbios aparentemente desfavorables sobre las mujeres que están relacionados con las discusiones (por ejemplo, 19:13b; 21:9, 19; 25:24; 27:15-16; ver 26:21 para el hombre "rencilloso"). La mujer virtuosa que habla solo sabiduría se contrasta con aquellas que podrían romper la dinámica familiar mediante pullas innecesarias y, por lo tanto, evidenciar su necedad. Cuando leemos Proverbios 31 queda claro: todos los lectores deben esforzarse por usar su lengua como lo hace la mujer virtuosa.

Aunque no se menciona directamente, en Proverbios 31:10 se alude a la forma de hablar de la mujer virtuosa con la frase "sobrepasa largamente a la de las piedras preciosas". La palabra traducida como "piedras preciosas" en este versículo apenas se utiliza en la Biblia. De las siete ocasiones en que aparece en toda la Biblia hebrea, cuatro de ellas lo hace en Proverbios. En dos ocasiones el término se usa para ilustrar creativamente el valor de la sabiduría, como vimos antes en 3:15 y 8:11. Sin embargo, en otra ocasión la palabra se usa para describir el valor que tiene usar la lengua sabiamente: "Hay oro y multitud de piedras preciosas; mas los labios prudentes son joya preciosa" (20:15). En este versículo, las "piedras preciosas" se mencionan dentro de un contexto en el que reflejan el gran valor de tener "labios de conocimiento". Así, cuando encontramos Proverbios 31:10 y leemos que el valor de la mujer virtuosa se describe como superior al de las piedras preciosas, recordamos Proverbios 20:15 y reconocemos que esta descripción también está relacionada con su forma sabia de hablar.

Su humildad: "sus obras la alaben"

No es sorprendente observar que la alabanza de la mujer virtuosa procede de otras personas cuando concluye el poema: "Se levantan sus hijos y la llaman bienaventurada; y su marido también la alaba" (31:28). Si hay alguien que pueda conocer el verdadero carácter de esta mujer son aquellos que están más cerca de ella, como sus hijos y su marido. Todo aquel fuera de la unidad familiar inmediata podría verse engañado por las cosas externas que se describe que ella hace en 31:10-31, pero los miembros de su familia no. El escritor está dejando clara una idea importante respecto al carácter de la mujer guerrera, al ilustrar una escena en la que los miembros más cercanos de su familia admiten que su integridad se adecua a las obras que hemos visto que hace en el resto del poema. En la mujer virtuosa no hay hipocresía.

Debe chocarnos el lenguaje hiperbólico que usa la familia de la mujer virtuosa para alabarla: "muchas mujeres hicieron el bien; mas tú sobrepasas a todas" (31:29). ¿Qué intentan decir los miembros de su familia cuando la describen como alguien que sobrepasa a todas las demás mujeres?

Parece que la disposición humilde de la mujer virtuosa es, de hecho, lo que la hace destacar. Según parece, su familia está diciendo que ella siempre es modesta, que antepone siempre a los demás a sí misma, y por consiguiente es el modelo más excelente de lo que es ser virtuosa. Su punto fuerte por antonomasia (su cualidad de virtuosa) es el servicio. A pesar de que tiene talentos por propio derecho, demuestra siempre la predisposición al servicio, sobre todo "tras bambalinas". Quienes tienen el privilegio de conocerla personalmente, como su familia, la alaban como es pertinente que lo hagan.

Su falta de temor: "se ríe de lo por venir"

En medio de este hermoso poema encontramos un versículo interesante que debería parecernos un poco raro: "Fuerza y honor son su vestidura; y se ríe de lo por venir [literalmente, "el último día"]" (31:25). Reconocemos las imágenes de la ropa, porque ya hemos visto que la mujer virtuosa es confeccionista profesional. Sin embargo, podemos ver que en este versículo la "ropa" se usa en un sentido figurativo, dado que la mujer virtuosa está "vestida" de conceptos inmateriales, como fuerza y dignidad. Por consiguiente, debemos entender la figura del lenguaje relacionada con la ropa de la mujer virtuosa como si dijera que manifiesta constantemente fuerza y dignidad, hasta el punto de que siempre están a la vista, como si las llevara puestas. A pesar de esto, nos preguntamos por qué estas imágenes relacionadas con la integridad de la mujer guerrera se colocan en paralelo a su risa al pensar en "el último día"; claro, nos lo preguntamos hasta que descubrimos un poco más sobre "el último día".

"Lo por venir" es una figura del lenguaje que se usa en otros lugares de la Biblia con una connotación negativa, para indicar un momento futuro de juicio. Por ejemplo, en Isaías 30:8-9 leemos sobre el juicio de Dios:

Ve, pues, ahora, y escribe esta visión en una tabla delante de ellos, y regístrala en un libro, para que quede hasta el día postrero [literalmente, el último día], eternamente y para siempre. Porque este pueblo es rebelde, hijos mentirosos, hijos que no quisieron oír la ley de Jehová.

Debemos entender que la risa de la mujer virtuosa manifiesta su falta de temor hacia un momento futuro de juicio desfavorable. Al observar que la mujer guerrera no se inquieta por el juicio futuro, nos damos cuenta de que es una persona justa. Para comprender más a fondo esta idea, observemos brevemente lo que dice Proverbios sobre el juicio para aquellos que optan por no temer al Señor.

En Proverbios hay personas a las que se define diciendo que tienen un miedo perpetuo a la retribución. Justo al principio del libro leemos que a la persona que ignora la sabiduría la golpean el "temor", la "calamidad" y la "angustia". Sin embargo, en ese contexto inmediato, la sabiduría personificada afirma: "mas el que me oyere, habitará confiadamente y vivirá tranquilo, sin temor del mal" (1:33). Así, la imagen que empieza a perfilarse al principio de Proverbios nos dice que quienes eligen el camino del mal temen un día futuro en el que sus fechorías les condenarán, mientras que quienes siguen la sabiduría no temen a calamidades futuras.

Este tema aparece repetidas veces en Proverbios, pero, notablemente, leemos que el padre exhorta al hijo a seguir la sabiduría en Proverbios 3 asegurándole:

Cuando te acuestes, no tendrás temor,
Sino que te acostarás, y tu sueño será grato.

No tendrás temor de pavor repentino,
Ni de la ruina de los impíos cuando viniere,

Porque Jehová será tu confianza,
Y él preservará tu pie de quedar preso. (Prov 3:24-26;
ver también 10:24).

Quienes aman la sabiduría pueden dormir tranquilos, porque no temen perpetuamente su condena. Como es evidente, esta inquietud entre los necios aumenta hasta que ese temor constante les provoca cierta inestabilidad mental: "Huye el impío sin que nadie lo persiga; mas el justo está confiado como un león" (28:1; ver también 21:15). En Proverbios los malhechores son víctimas del mismo tipo de engaño mental que se prometió que padecerían los israelitas si no obedecían a Dios (Lv 26:17).

¡Pero la mujer guerrera no es así!

En Proverbios, en vez de temer la retribución en aquel último día por los malos actos, ¡esta mujer teme al Señor! "Engañosa es la gracia, y vana la hermosura; la mujer que teme a Jehová, esa será alabada" (31:30). Cuando llegamos al final del capítulo 31 y vemos que los más cercanos a la mujer virtuosa la alaban porque teme al Señor en todo lo que hace, nos damos cuenta de que durante todo el libro nos han estado enseñando cuál es el camino que ella sigue.

Conclusión

Nuestra familia es especialmente estricta para garantizar que cada viernes por la noche cenemos juntos. Cenar juntos no es inusual en nuestra familia, dado que los cuatro estamos juntos todas las noches, menos cuando alguno de nosotros está fuera de la ciudad. Sin embargo, los viernes son especiales.

Los viernes no tenemos prisa por acostar a los niños. Intencionadamente, reducimos el ritmo y pasamos más tiempo cenando. Después de cenar nos quedamos sentados a la mesa, con el propósito expreso de disfrutar de la presencia de los demás. Nos sentimos especialmente agradecidos a Dios por habernos permitido ver el final de una semana más.

Una parte de nuestra rutina de los viernes, que se ha ido desarrollando a través de los años, es una recitación cantada del poema de la mujer virtuosa. Esta es una tradición que adquirimos durante el tiempo que vivimos en Israel, al observar que la mayoría de nuestros amigos judíos recitan este poema como parte de sus cenas sabáticas de los viernes. Nuestra familia se apropió de esta costumbre para asegurarse de apartar un tiempo para honrar a la "mujer virtuosa" de nuestra familia. Para mí es importante reconocer todos los sacrificios que mi esposa, y la madre de ellos, hace por nosotros día tras día. Los más cercanos a nuestra mujer guerrera deberían alabarla como es debido por manifestar muchas de las características de la mujer de Proverbios 31.

Sin embargo, honrar a nuestra mujer virtuosa no es el único motivo por el que cantamos esa canción como familia. La razón primordial por la que lo hacemos como familia es porque figura en la Escritura. Lo que hay que aplicar a las vidas de todos los que temen al Señor mientras recorren su camino personal de sabiduría es la Escritura.

¡No me malinterpretes! Es totalmente adecuado utilizar las expresiones sobre la "mujer virtuosa" o "mujer de valor" que hallamos en Proverbios 31 para honrar a aquellas mujeres en nuestras vidas que manifiestan los rasgos evidentes en el capítulo.

Mi madre es una mujer guerrera.

Mi esposa es una mujer guerrera.

Sin embargo, este pasaje no manifiesta un modelo exacto de qué aspecto tienen las mujeres que quieren honrar al Señor. Al prestar atención a las pistas retóricas repartidas por los proverbios, y al ser sensibles a otras técnicas literarias que plasman temas recurrentes en el libro, podemos entender que el autor de Proverbios quiere que la mujer de Proverbios 31 sea una ilustración mucho mayor que la de una mujer modelo, y que tenga una aplicación mucho más amplia.

Se trata de una mujer única que es ejemplo de sabiduría para todo el mundo.

Como personas que temen al Señor, debemos alabar a las mujeres virtuosas de nuestras vidas, pero la mujer de Proverbios 31:10-31 no tiene parangón. En última instancia, la mujer virtuosa funciona como ejemplo para todos los que desean expresar que temen al Señor diciéndole perpetuamente "sí, sí, sí" a la sabiduría del Señor manifiesta en Proverbios.

EPÍLOGO

¿Y si los proverbios no funcionan?

Cuando llegamos al final de nuestra lectura de Proverbios y meditamos en versículos relacionados con temas como la justa retribución, se nos plantea un grave dilema. En ocasiones, lo que esos versículos nos ofrecen como verdad no parece corresponderse con nuestra experiencia humana. En este sentido, acabar de leer Proverbios puede ser agridulce: por un lado, se nos exhorta al leer el ejemplo de la mujer virtuosa de Proverbios 31 porque en ella observamos un ejemplo práctico de lo que significa temer al Señor. Por otro, el final de la lectura de Proverbios puede ir acompañada de cierta sensación de frustración personal, al no saber con certeza cómo se supone que algunos de los dichos deben funcionar en la práctica en la vida real.

Los proverbios relacionados con el tema de la retribución justa son, aparentemente, de los más fáciles de entender; sin embargo, al mismo tiempo, podrían ser los ejemplos más identificables de proverbios que en la vida real no parecen funcionar como sería de esperar. Aunque en Proverbios hay otros temas que nos extrañan si los comparamos con la experiencia de la vida (por ejemplo, la crianza de los hijos; ver 22:6), muchos lectores han estado en situaciones en las que les han ofendido tremendamente personas que, para todos los propósitos, encarnan a la persona necia y malvada de Proverbios. Teniendo en cuenta nuestras innegables experiencias humanas en las que no vemos que se haga justicia, ¿cómo podemos tomarnos en serio los proverbios que, aparentemente, afirman que en este mundo hay una justa retribución? Por ejemplo:

> Ciertamente el justo será recompensado en la tierra;
> ¡Cuánto más el impío y el pecador! (Prov 11:31).

> Ninguna adversidad acontecerá al justo;
> Mas los impíos serán colmados de males. (Prov 12:21).

Raras veces vemos que reciban su merecido los ladronzuelos que roban en las calles, obteniendo dinero deshonestamente, o los miembros del gobierno que abogan por programas que llenan los bolsillos de los ricos mientras ignoran a los necesitados de la sociedad. Por la manera en que se presentan los proverbios, como afirmaciones concisas y verídicas, podría darnos la impresión de que el mundo funciona de tal manera que los malvados nunca prosperan y los necios siempre se enfrentan a un juicio. Sin embargo, la experiencia humana nos dice que eso no es así.

Entonces, ¿qué hacemos cuando los proverbios no "funcionan"?

De la misma manera que los proverbios individuales exhortan a los lectores a adoptar una actitud de dejarse enseñar cuando se relacionan con la sabiduría del libro, el libro de Proverbios también proporciona una guía sobre cómo podemos relacionarnos con los proverbios, y con el Señor, cuando nuestra experiencia no concuerda con alguno de los dichos. En los proverbios observamos las siguientes acciones prácticas que nos ayudan a analizar, comprender y aplicar pasajes que no parecen "funcionar":

1. Admitimos nuestra falta de conocimiento.
2. Analizamos nuestros motivos.
3. Releemos Proverbios.

Vamos a examinar un poco más a fondo estos pasos prácticos.

No lo sabemos todo

No existe ninguna solución rápida, orientada a la apologética, que arroje luz sobre los pasajes bíblicos difíciles, sobre todo cuando tienen que ver con el tema de la retribución justa, e incluso más con pasajes como los proverbios, que no proporcionan un contexto narrativo. En ocasiones simplemente nos falta el conocimiento histórico, lingüístico y teológico que nos permitiría encontrar sentido pleno a los dichos breves de Proverbios en nuestro mundo. Por lo tanto, cuando encontremos sorpresas o desencantos en el libro, debemos analizar siempre nuestra disposición hacia los proverbios y hacia el Señor. Cuando luchamos con proverbios difíciles nos sometemos a la sabiduría del Señor; los proverbios declaran que son justo eso. Por consiguiente, como personas temerosas del Señor, debemos conceder a los proverbios (y por consiguiente, a la Palabra de Dios) el beneficio de la duda, leyéndolos con una actitud de confianza, no de suspicacia, cuando no logramos que las cosas "funcionen" para nosotros.

Siguiendo esta línea, un buen paso práctico para asimilar los proverbios difíciles es confesar humildemente que no lo sabemos todo. Aunque como es natural nos sintamos inclinados a ofrecer en la medida de lo posible explicaciones por casi todo lo que afecta a nuestras vidas, no somos omniscientes como el Señor. Esto hace que sea fundamentalmente imposible que emitamos juicios sobre todos los proverbios difíciles simplemente mediante la observación del mundo que nos rodea. Es posible que nuestras interpretaciones de un proverbio dado sean incorrectas; nuestra percepción de lo que está pasando realmente en cualquier situación moderna puede estar distorsionada o ser incompleta; y somos, por naturaleza, incapaces de saber qué pasará en el futuro. Nosotros, como seres humanos que solo saben en parte, no podemos apoyarnos en nuestro propio entendimiento como autoridad última. Por lo tanto, cuando los proverbios no parecen funcionar, adoptamos la actitud de confiar en el Señor (3:5-6; ver el capítulo 2 de este libro). Recuerda, una vez más, Proverbios 3:5 dentro de su contexto:

> Fíate de Jehová de todo tu corazón,
> Y no te apoyes en tu propia prudencia.

Incluso cuando leemos proverbios difíciles con esta actitud de confianza, es irónico que intentemos comprender y aplicar proverbios que no encajan con nuestra experiencia. Los proverbios perfilan muchos consejos prácticos para la vida cotidiana, y enfatizan cómo las *decisiones humanas* de los individuos afectan a su propio bienestar y al de las personas que les rodean. Aun así, mezclados entre los proverbios hay máximas que afirman objetivamente que los propósitos del Señor prevalecen sobre todos (por ejemplo, 16:33). Proverbios dice claramente que tomamos decisiones reales que tienen consecuencias reales durante el viaje. Sin embargo, Proverbios también dice claramente que el Señor omnisciente, que desea que todos sigan el camino de la sabiduría, es quien en última instancia tiene el control de todos los caminos que llevan a ella.

¡Esto da una gran esperanza a todos los lectores!

En los momentos de confusión a lo largo del camino buscamos al Señor, que tiene planes más intrincados y de mayor alcance de lo que podemos imaginar. Cuando desarrollamos opiniones e ideas sobre cómo deberían funcionar las cosas en nuestras vidas, nos sentimos obligados a recordar que nuestros planes no siempre encajan con los propósitos del Señor. No siempre conocemos sus propósitos y, en consecuencia, recurrimos por defecto a Él en momentos de consternación. Proverbios 19:21 nos recuerda que los propósitos del Señor sobrepasan los planes humanos: "Muchos pensamientos hay en el corazón del hombre; mas el consejo de Jehová permanecerá". Por ejemplo, en ocasiones los propósitos del Señor pasan por probarnos por medio de la adversidad: "El crisol para la plata, y la hornaza para el oro; pero Jehová prueba los corazones" (17:3). Nadie elegiría voluntariamente pasar por dificultades, pero admitimos que sobreponernos a ellas mientras caminamos con el Señor forja el carácter santo, tanto si entendemos por qué sucedieron como si no es así. En otros momentos quizá no veamos una justa retribución porque el Señor esté dando a los malhechores una oportunidad de cambiar sus caminos, aunque este no sea nuestro plan, porque por naturaleza queremos que quienes perjudican a otros reciban su merecido. Las personas justas desean la retribución de la que habla Proverbios 11:21: "Tarde o temprano, el malo será castigado; mas la descendencia de los justos será librada".

Sin embargo, no parece que este proverbio se cumpla mucho en nuestras vidas.

Cuando los proverbios no parezcan "funcionar" podría ser un buen momento para hacer una pausa y preguntarnos si no estaremos adelantándonos al Señor en nuestro camino, y si realmente sabemos adónde irá a parar todo esto. Admitir que no lo sabemos todo en nuestro camino nos recuerda que nos hemos comprometido a seguir al Señor en el camino hacia la sabiduría. Podemos estar confiados de que cada paso en nuestro viaje es del Señor: "De Jehová son los pasos del hombre; ¿cómo, pues, entenderá el hombre su camino?" (20:24). Cuando nos damos cuenta de que la vida no se ajusta a lo que dice un proverbio, podemos consolarnos sabiendo que el Señor omnisciente nos conduce por el camino hacia la sabiduría.

Analizamos los motivos de nuestros corazones

El deseo de orden y de justicia es natural, pero es injustificable convertirnos en necios a la caza de la justa retribución. Proverbios no respalda que nos regocijemos en el mal que padecen quienes nos perjudican y que nos alegremos de sus sufrimientos.

Cuando examinamos los proverbios que no "funcionan" respecto al tema de la justa retribución, nos sentimos obligados a analizar las motivaciones que incitan ese cuestionamiento. Debemos preguntarnos: ¿Deseo la justicia divina o me siento impulsado hacia la retribución porque quiero disfrutar de la agonía de aquellos que me han tratado mal? En nuestra búsqueda de la justicia, los que seguimos el camino a la sabiduría debemos abstenernos de esperar la caída de nuestros enemigos. Esto es precisamente lo que dice Proverbios 24:17-18:

> Cuando cayere tu enemigo, no te regocijes,
> Y cuando tropezare, no se alegre tu corazón;
>
> No sea que Jehová lo mire, y le desagrade,
> Y aparte de sobre él su enojo.

Esta actitud no refleja el carácter del Señor, quien desea que todos transiten por el camino de la sabiduría e incluso da a los necios la oportunidad de cambiar su rumbo a medio recorrido. Si el Señor desea que todos recorran el camino de la sabiduría y permite a las personas cambiar de rumbo cuando aprenden a temerle, debemos *esforzarnos* por adoptar la misma actitud y aspirar a tener la esperanza de que los necios cambien de camino.

En nuestro deseo de ver cómo se aplica la justa retribución según afirman los proverbios, debemos tener en cuenta también aquellos dichos que definen la inadecuación de tomarse una venganza personal por una ofensa: "No digas: Como me hizo, así le haré; daré el pago al hombre según su obra" (24:29). El deseo de una retribución justa es una cosa, la venganza es otra muy diferente. Los proverbios relacionados específicamente con la justa retribución nos llaman a hacer una pausa y a examinar las intenciones de nuestros corazones. Entonces, a medida que leemos Proverbios, se nos recuerda que hacer que los ofensores reciban su retribución no es *en última instancia* responsabilidad nuestra (20:22).

Ahora bien, antes de que pensemos que Proverbios aboga por la eliminación de todo sistema judicial, es importante tener en cuenta que el razonamiento de este libro es teológico, que no está relacionado con los tribunales humanos. Proverbios exhorta a los lectores a desarrollar el hábito de confiar en que el Señor pagará a la humanidad conforme a sus actos (29:26; 24:12). Al buscar al Señor para hallar justicia, nos privamos de forma natural de cometer el grave error de esforzarnos por actuar *como* él. Esto significa que muchos seguiremos sintiéndonos mal porque no vemos ejemplos ideales de justicia en la práctica tal como se indican en Proverbios.

"¡Un momento!", puede objetar alguien. "Como persona temerosa del Señor que honra la justicia, ¿no tengo «derecho» a ver en algún momento la caída de los malos?" (ver 21:15; 11:10).

Este tipo de pregunta, por justa que sea, nace de una postura que posiblemente no tiene en cuenta un profundo tema teológico en Proverbios: el gran privilegio de caminar por la senda de la sabiduría consiste en imitar el carácter del Señor y ponerlo en práctica en las numerosas situaciones de la vida real que se exponen en Proverbios. Así, deseamos ver la justicia en la práctica porque hemos asumido el carácter del Señor, quien hace justicia de forma perfecta. Buscar la justa retribución porque deseamos ver resultados concretos nos lleva a centrarnos en el resultado de los proverbios, no en el proceso de caminar por el sendero hacia la sabiduría. Esta disposición de hacer que los proverbios "funcionen" conduce a expectativas erróneas sobre lo que hacen los proverbios y a un concepto equivocado del Señor de Proverbios.

Quienes temen al Señor aman la rectitud y la justicia, porque aman al Señor, ¡y Él ama tales cosas! Los sabios no atesoran la sabiduría exclusivamente porque se les garanticen unos resultados especiales, y sin duda no se nos promete que no encontraremos problemas en nuestro camino. Los proverbios no se pueden leer así, porque hacerlo confunde más que ayuda.

Cuando observamos al Señor aplicando una justa retribución en nuestras circunstancias personales nos alegramos, no porque nuestro enemigo sea destruido, sino porque nos identificamos con este rasgo del carácter del Señor. En otros momentos, no observamos la justa retribución, pero seguimos amando al Señor y confiando en Él gracias a la relación única que tenemos con Él. Nuestro compromiso con la justicia se basa necesariamente en nuestro amor por el Señor y nuestro temor de Él, y no en nuestro deseo de obtener una retribución justa. Durante los momentos en que empezamos a pensar que *merecemos* ver la caída de quienes nos han tratado mal, pueden nacer en nosotros sentimientos de superioridad moral que acaben dominándonos.

Esta es, indudablemente, otra ocasión para hacer una pausa, reflexionar y recordar que de vez en cuando nosotros somos los beneficiarios de la misma incoherencia que nos decepciona. A veces la retribución por nuestras faltas no recae sobre nosotros de inmediato. Si consideramos que esta disparidad es aceptable en los casos de nuestros errores personales, no podemos aplicar a otros unos estándares que no nos gustaría que nos aplicasen. No podemos caer en la trampa de considerarnos superiores a otros cuyas faltas son simplemente distintas a las nuestras. Usando el lenguaje de Proverbios 20:9, "¿Quién podrá decir: Yo he limpiado mi corazón, limpio estoy de mi pecado?". Examinar las motivaciones de nuestros corazones nos mantiene humildes, nos impide ponernos en lugar de Dios e incluso contribuye a recordarnos uno de los principales motivos por los que seguimos el camino a la sabiduría: deseamos ser sabios y adoptar los rasgos de carácter de Dios.

Sin embargo, hay una cosa que el examen de nuestro corazón *no* hace: no hace que sea más *fácil* el hecho de que no vemos la retribución cuando queremos. Seguimos luchando con los efectos muy reales de que los proverbios no funcionan exactamente como esperaríamos que lo hicieran. Entonces, como lectores modernos de los proverbios, ¿qué deberíamos hacer cuando estos no parecen funcionar de la manera que esperamos?

Releemos los proverbios

En este estudio nos hemos centrado casi exclusivamente en el libro de Proverbios. Este ha sido nuestro objetivo, dado que Proverbios es un libro único que fue compuesto con sus propios objetivos y propósitos. Por consiguiente, merece que lo estudiemos y lo comprendamos en sus propios términos. A pesar de esto, Proverbios no es *solo* una composición autónoma. Es una de las 66 composiciones individuales que componen la Biblia protestante, el Antiguo y el Nuevo Testamento. Más concretamente, es una de las composiciones que forma parte de la "literatura sapiencial" de la antigua Israel. Cada aforismo de Proverbios forma parte de un contexto más amplio; desde el contexto literario inmediato del capítulo al contexto del libro, al de la literatura sapiencial, al contexto del Antiguo Testamento y al de toda la Biblia, Antiguo y Nuevo Testamento. Los juicios generales sobre la importancia teológica y práctica de los proverbios se entienden perfectamente cuando se los estudia teniendo en cuenta esos contextos. Para ser coherentes con nuestro ejemplo de algunos proverbios que hablan de la justa retribución, a medida que leamos podríamos plantearnos formular las siguientes preguntas:

- ¿Qué dice este libro en general sobre el tema de la justa retribución, si leemos todos los versículos relacionados dentro de su contexto literario?

- ¿Qué podemos aprender de otra literatura sapiencial bíblica sobre la justa retribución, y cómo contribuye el punto de vista que manifiesta Proverbios a nuestra comprensión global del tema?

- ¿Qué dice el resto de la Biblia sobre la justa retribución, y cómo se puede enfocar lo que enseña Proverbios sobre este tema a la luz de la enseñanza bíblica general sobre el mismo?

Cuando releemos los proverbios en estos contextos ampliados, podemos reformular nuestras preguntas. Esta línea de investigación nos impide leer y recitar los proverbios como fórmulas mecánicas, y por lo tanto no dejar espacio para que el Señor obre fuera de los principios que se nos ofrecen en este libro bíblico. Si leemos los proverbios como exclusivamente dichos individuales, sin otro contexto bíblico, es inevitable que intentemos aplicarlos en situaciones sobre la que otros pasajes de la Escritura tienen más que decir, lo cual genera una confusión personal innecesaria. Leer los proverbios como proposiciones automáticas puede impedirnos ver cómo se pueden poner por obra en un mundo imperfecto los proverbios difíciles.

La relectura de Proverbios mientras estudiamos al mismo tiempo el resto de las Escrituras nos ayuda a entender mejor los proverbios individuales, y la totalidad del libro, como tonos únicos que contribuyen a una imagen teológica más amplia. En algunas ocasiones en las que no entendemos lo que pasa en un proverbio determinado, tendremos que tomar cierta distancia, ver la imagen global y luego volver a acercarnos al pasaje con nuevas expectativas. Por ejemplo, el lector podría experimentar un cambio de expectativas sobre cómo aplicar en la práctica determinados proverbios después de leer otros ejemplos de literatura sapiencial y darse cuenta de que frecuentemente la sabiduría bíblica usa frases sucintas para presentar el orden como lo opuesto al caos. Estas frases, leídas aisladamente, pueden dar la impresión de que el autor está haciendo "promesas" generales que cuentan con la autoridad divina. Si nos encontramos en una situación en la que percibimos nuestro mundo como lo opuesto a lo que afirma explícitamente un proverbio dado, podría ser la ocasión de hacer una pausa y releer Proverbios a la luz de su contexto bíblico más amplio.

El proverbio tan citado de 22:6 es un ejemplo excelente de cómo los distintos contextos nos ayudan a comprender lo que dice la Biblia sobre un tema concreto, pero desde el punto de vista global: "Instruye al niño en su camino, y aun cuando fuere viejo no se apartará de él". Algunos lectores pueden entender este versículo como una promesa contemporánea a quienes instruyen a sus hijos en el temor del Señor. Algunos podrían pensar: "Si instruyo a mis hijos en el camino del Señor mediante mi ejemplo, en Proverbios hay una promesa que hace Dios y que dice que al final mis hijos se volverán al Señor, independientemente de cómo vivan ahora". Esta interpretación es problemática incluso si damos un paso atrás y vemos 22:6 a la luz de la gran cantidad de peticiones del tipo "hijo mío" en Proverbios 1-9, por medio de las cuales los padres sabios exhortan reiteradamente a su hijo a que recorra el camino hacia la sabiduría. Por ejemplo:

Oye, hijo mío, y recibe mis razones,
Y se te multiplicarán años de vida.

Por el camino de la sabiduría te he encaminado,
Y por veredas derechas te he hecho andar.

Cuando anduvieres, no se estrecharán tus pasos,
Y si corrieres, no tropezarás.

Retén el consejo, no lo dejes;
Guárdalo, porque eso es tu vida. (Prov 4:10-13).

Estos versículos sugieren que el hijo debe decidir por sí mismo (o sí misma) temer al Señor.

Esta idea de que todos son responsables de sus propias decisiones cuando se relacionan con el Señor se clarifica cuando nos alejamos un poco más y queda corroborada en otros pasajes del Antiguo Testamento. Por ejemplo, Ezequiel 18:2-4 afirma: "¿Qué pensáis vosotros, los que usáis este refrán sobre la tierra de Israel, que dice: Los padres comieron las uvas agrias, y los dientes de los hijos tienen la dentera? Vivo yo, dice Jehová el Señor, que nunca más tendréis por qué usar este refrán en Israel. He aquí que todas las almas son mías; como el alma del padre, así el alma del hijo es mía; el alma que pecare, esa morirá". Lo que vemos en la afirmación de Ezequiel es que un proverbio individual puede decirnos lo que sucede normalmente, pero entonces las circunstancias pueden cambiar en una situación determinada que ofrezca un contexto nuevo para el que no fue diseñado el proverbio. La manera de equilibrar la realidad de que algunos hijos no siguen al Señor como lo hacen sus padres consiste en enfocar la elección de seguir al Señor a la luz de otros pasajes que tratan el tema, para ver qué tiene que decir la Biblia en general sobre este tema. Proverbios, como sabiduría práctica, debe leerse a la luz de nuestra experiencia humana, aunque el libro no nos dice siempre exactamente cuál será aquella.

Cuando estudiamos la totalidad de las Escrituras, podemos aprender más sobre el carácter del Señor si respondemos con un "¡sí!" cuando leemos Proverbios. Entonces, a medida que aprendemos más sobre nosotros mismos y obtenemos más claridad sobre el mundo que nos rodea, podemos regresar a Proverbios con un amor renovado por el libro, con más contexto y con mejores expectativas. Al regresar constantemente a Proverbios en nuestra lectura de las Escrituras, vemos mejor el camino personal que el Señor ha puesto ante nosotros y obtenemos la capacidad de dar pasitos de bebé en el camino de la sabiduría; al principio a gatas, luego a trompicones, luego caminando, luego de la mano de otras personas cuando las exhortamos a que nos acompañen en nuestro viaje.

Proverbios: El amor del Señor

No hace mucho tiempo nuestra hija de tres años, que acababa de aprender hacía poco a bajarse de su cuna, se despertó justo antes del amanecer, mientras yo intentaba escribir. Salió deambulando de su cuarto y al final llegó hasta mi despacho improvisado sobre la mesa del comedor. Se me subió a la pierna izquierda, apoyó su oreja derecha en mi pecho sobre mi corazón y se quedó quieta. Justo cuando yo pensaba que estaba a punto de volver a dormirse, de repente apartó la cabeza de mi pecho y, para mi gran sorpresa, preguntó: "*Abba*, ¿Dios me ama?". Inmediatamente le respondí: "¡Pues claro, cariño!". Esta respuesta convencida satisfizo su inquietud por el momento. Volvió a apoyarse en mí y se relajó de nuevo.

Yo, por mi parte, me quedé un poco impactado por su pregunta, y me puse a reflexionar sobre por qué mi hija podría preguntar algo así:

- ¿Qué la induciría a dudar del amor de Dios por ella?
- ¿*Sentía* de verdad que Dios no la amaba?
- ¿He hecho *yo* algo que la lleve a dudar del amor de Dios por ella?
- ¿Qué puedo hacer para que desaparezca ese sentimiento?

Después de todo este análisis llegué a la que me pareció la conclusión más lógica: mi hija, sencillamente, necesitaba que su padre le reafirmase que el Dios que él le dice que la ama, la ama de verdad.

A veces nos despertamos por la mañana y, como mi hija, necesitamos que nos afirmen como hijos amados de Dios; simplemente, necesitamos que nos recuerden que el Dios que la Escritura dice que nos ama en realidad nos ama. Ciertamente, el Señor ha manifestado su cuidado único de nosotros: Proverbios es una manifestación del amor del Señor, que nos instruye mientras viajamos junto a los sabios por el camino hacia la sabiduría. Cuando llegamos al final de Proverbios, se nos recuerda nuestra relación única con el Señor, quien nos ha dado un ejemplo de lo que es responder que sí, perpetua y alegremente, en obediencia a la enseñanza. Al viajar por los proverbios desarrollamos una cercanía al carácter del Señor que nos permite poner en práctica la sabiduría en nuestras circunstancias particulares de la vida.

Sin embargo, en las ocasiones en las que nos preguntamos legítimamente por qué nuestras experiencias no encajan con nuestras expectativas, o cuando lo que dice el Señor no parece

cumplirse en la vida real, le miramos exasperados y, con la ino-
cencia y la humildad de una niña de tres años, le preguntamos:
"*Abba*, ¿me amas?".

Lee Proverbios. Relee Proverbios.

Claro que me ama.

AGRADECIMIENTOS

Ha habido muchos amigos que me han servido de contertulios mientras estudiaba las aplicaciones contemporáneas y prácticas de los proverbios. Entre ellos, me gustaría dar las gracias especialmente a R. J. Runowski, Josh Sorenson, José Quintana y Dan Sered por sus oídos atentos y sus críticas constructivas a lo largo de todo el proceso de redacción.

Una expresión especial de gratitud para mi editora María Mayo, por darme la oportunidad de escribir este estudio, refinar el trabajo a lo largo del proceso y mostrar un gran interés por cultivar un producto final adecuado. También quiero dar las gracias a Catherine Merrifield por leer todo el manuscrito y ofrecerme un *feedback* útil, que sin duda mejoró este libro.

A mi esposa, Gaby: "Tú las superas a todas". Gracias por tu amor duradero y paciencia infinita a través de los años. A nuestros hijos, Yair y Yael: gracias por recordarme constantemente que el libro de Proverbios es aplicable a todo el mundo, y que escribir sobre Proverbios no sirve de nada a menos que pueda explicaros su contenido y manifestar con mi ejemplo sus principios.

Dominick S. Hernández
Lousville, KY
16 de marzo de 2020

Printed in the USA
CPSIA information can be obtained
at www.ICGtesting.com
JSHW031235100724
66194JS00008B/28

9 788418 810688